13歳からの「ネットのルール」

誰も傷つけないための スマホリテラシーを 身につける本

小木曽健　監修

ここだけの話ね

誰にも言うなよ？

絶対秘密な？

メイツ出版

はじめに

　私の仕事は「情報リテラシー講師」です。これまで、学校を中心に全国で1500回以上、40万人を超える方々に講演してきました。お伝えしているのは「ネットで絶対に失敗しなくなる方法」。私の講演を聞いていただくと、ネットで絶対に失敗しなくなる、そう言い切れるくらい、全力で講演しています（その講演でお伝えしている内容も、本書にばっちり収録してあります。ぜひご覧ください）。

　おかげさまで「講演後、校内でSNSトラブルが起きなくなった」とか「家庭内のネット問題が解決した」といった声をたくさんいただけるようになりました。

　講演の最後には、必ず質問の時間を作ります。私、質疑応答が大好きなんです。「どんな質問でも5秒以内に答えるよ」と会場に投げかけると、子どもたちは本当にいろんな質問をしてくれる、これがまた面白いんです。後日「あのときは聞けなかった」とSNSで質問を送ってくれる生徒さんもいます。とにかく本当にたくさんの質問に答えてきたんですが、中には「その発想はなかった」とか「それ、ヤバいな……」という、「みんなに共有したほうがいい質問」がたくさんあったのです。

　そんな質問を1冊にまとめたのが本書です。この本には、全国の子どもたちが「本当に知りたいこと」「不安に思っていること」が

詰まっています。後半には、保護者の方から多く寄せられる質問もまとめました。こちらも「本当に知りたいこと」のオンパレードです。

　実はこの本、2020年の9月、新型コロナウイルスが猛威を奮っている時期に執筆しました。学校も、コロナ禍に人を集めての講演なんてとてもできませんから、予定されていた講演会は次々に中止となり、私のスケジュールも真っ白になったのですが……ほどなく、再びスケジュールが埋まり始めます。ネット配信による「オンライン講演」です。これがまあ、拍子抜けするくらい、現地でやる講演と変わらなかったんですね。講演参加者の反応が手に取るようにわかり、質疑応答だって、まるでその場にいるかのようなやり取りで、またすぐ、いつもの講演漬けの日々に戻りました。インターネットが新型コロナウイルスに負けない意地を見せ、情報リテラシーを伝える講演を続けることができたのです。

　ネットはただの道具、良いネットも悪いネットもありません。それを決めるのは使い手である人間です。日頃からちゃんとネットに向き合っていれば、いざというとき、ネットはその人を助けてくれる。私はネットのおかげで、講演を続けることができました。子どもたちにもぜひ、そんなネットとの向き合い方を身につけてもらいましょう。

小木曽 健

第1章　ネットモラルなんていらない

第2章　みんなの疑問に答えます！

第3章　保護者の疑問に答えます!

ネットモラルなんていらない

「日常」と「ネット」を
わざわざ分ける意味がない

ネットモラルって何ですか？

みなさんは今日まで「ネットモラル（情報モラル）」という言葉を、死ぬほど聞かされてきたと思います。SNSにはネットモラルが必要だとか、ネットモラルが足りない、とか……。

私はこの「ネットモラル」という言葉が大嫌いで、この世から消滅させたいと思っています。なぜならそんなモノ、この世に存在しないから。いや、学校でも習ったし教科書にも載っているし、今日まで何百回も聞かされてきたし、存在しないわけない、と思うかもしれませんが、そもそも「モラル」って、社会を生きていくうえで必要な気配りや道徳心のことですよね。ということは「ネットモラル」＝ネットを使うときに必要な気配りや道徳心と言えます。でも……ネットの中でだけ必要な気配り、道徳心なんてありましたっけ？

ネットでは相手の気持ちを思いやろう、ネットでは反社会的なふるまいをするな、ネットでは法律を守れ……すべて「ネットモラル」と呼ばれるものですが、これってネットに限った話ではありませんよね。日常でも当たり前に必要なものばかり。つまり私たちが「ネットモラル」と呼んでいるものって、日常のモラルと同じものなんです。ネット特有のモラルなんて存在しない。存在しないモノに、わざわざ「ネットモラル」なんていう名前をつけて、存在しないものを手に入れようとして……だからみんな悩んで、大人ですら、

わけのわからない失敗をしたりするんです。

先生も「スッキリした！」

「ネットモラルなんてない」と言い出したら、学校やPTAが怒り出すんじゃないか、と心配されるかもしれませんが、大丈夫。なにしろこの話をすると、最初に納得してくれるのが、学校関係者と保護者の方々、つまりみなさんの先生と、父ちゃん母ちゃんですからね。「やっぱり、それでよかったのか！」「納得した」「モヤモヤがすっきりした」……みんな悩んで、わけがわからなくなっていたのでしょう。ものすごく安心してくれます。

私は「簡単なこと」を、わざわざ複雑にして、新しい名前をつけ、大騒ぎする人が嫌いです。それを利用して金もうけをする人は、もっと嫌いです。例えば「ネットいじめ」だって、ネットを利用した、ただのいじめですよね。新しくもなんともない、昔からあるただの最低な行為。その証拠に、もし今日この世からネットが消えても、そのネットいじめとやらは、形を変えて明日以降も続きますからね。問題を起こしているのはネットではなく、人間。ネットがあるからネットいじめが起きるのではなく、それをする人間がいるから起きているだけ。こういう当たり前の話が、ネットモラルという言葉のせいで、見えにくくなるのです。ネットモラルなんてない、そこにあるのは、ただのモラルです。

POINT

▶ネット特有のモラルはありません
▶簡単な話を、複雑にしたがる人がいます

渋谷のスクランブル交差点で こんなことできる？

交差点で自分の情報を掲（かか）げる
誰もがやっていることです

ネットを現実に置き換えてみて

　ネットモラルなんていらない。必要なのは日常と同じモラルだけ。この考え方をしっかり身につけるために、ネットを現実に置き換える「トレーニング」をしてみましょう。

　ちょっと想像してみてください。ここは東京のど真ん中、渋谷のスクランブル交差点。1日数十万人という大勢の人が行き交うこの場所で、あなたにやってほしいことがあります。スケッチブックくらいの大きさのボードに、「プライベートな気持ち」「友達への不満」「やらかした悪事」……こういったものを太いマジックで書いて、交差点のど真ん中、一番目立つ場所で30分くらい、掲げてもらえませんか？　ぜひやりたいなんて人はいないでしょう。私は嫌です。でも実はこれ、世界中で毎日毎日、私たちがみんな、大人もみんな、やっていることなんですよ。

実は誰もがやっている

　ネットやSNSに何かを投稿（とうこう）することは、まさにこの交差点での行為そのもの。ど真ん中でボードを掲げるのと同じ。いや、むしろ交差点の方がマシでしょう。1日立っていても、せいぜい数十万人が見る程度。しかも掲げたそのボード、自分で下ろせますよね。ですがネットは違います。一度掲げたら二度と下せないボードを、全世界に向けて永遠に見せ続ける。これがネッ

トに投稿するということ。ネットを現実に置き換えるっていうのは、こういうことです。

「そんな目立つ場所でボードを掲げれば、みんなに注目されるのは当たり前だろう」と思うかもしれませんが、その交差点では、誰もがみな同じようにボードを掲げています。そこにいる誰もが「ラーメンが美味い！」「天気がいいなあ」「月曜日が憂鬱」。そんな内容を書いたボードを掲げて立っている。これがネットです。みんなやっているんです。当然、書かれた内容が「普通」なら誰も注目しないですよね。ネットとはそういうもの。みなさんの「普通」の投稿が、なかなかバズらないのと一緒です。だからそのうち、それに慣れて、油断してしまい……。

今まで大丈夫だったから

今まで誰にも見られなかった、今日まで大丈夫だったからと、ある日、軽い気持ちで「あいつを殺す」「カンニングしちゃった」……過激で問題のあるボード（投稿）を掲げました。その瞬間！　交差点にいる全員が振り返り、あなたを指さしながら騒ぎ出す。これがネット炎上です。

ネットは誰が投稿したか、ではなく、何を投稿したか、で注目度が変わるもの。今まで大丈夫だった、は関係ありません。もしネットで炎上してしまったら……。この本の第2章「炎上したらどうしたらいい？（P.78）」にちゃんと対処法を書いておきました。

POINT

　▶ネットを現実に置き換えるセンスが重要
　▶今まで大丈夫だったから、は通用しない

投稿はなぜ消えない？

投稿は削除すれば消える、
わけではありません

ネットは「消すと増える」

「ネットはスクランブル交差点？　いやいや大丈夫だよ。ヤバいときにはすぐ消すから」なんていう人がいますが、それは無理。ヤバいときにはもう手遅れです。なぜならネットには「消すと増える」という特性があるから。

考えてみてください。あわてて消す理由って、投稿が拡散しちゃうからですよね。もし「拡散しそうなヤバい投稿」を見つけたら、あなた、どうします？

「この投稿、消されるかもしれないから、念のために保存しておこう」って、普通にコピー、保存しますよね。

「ヤバい！もう消そう」と投稿を削除すれば、知らぬ間に保存された「コピー」がネットで拡散します。もう、あっという間。オリジナルが消えれば、コピーの価値も上がりますからね。これが「消すと増える理由」です。ちなみに「この投稿は友達限定公開だから大丈夫」とか「私は鍵アカだから平気」とか「このアプリは保存できないヤツだから」なんて思っている人は、第2章の「友達限定なら拡散しない？（P.74）」をしっかり読んでください。そんなの無意味ですから。

また「消すと増えるのなら、いったいどうしたらいいの！？」と思われた方、そもそも、そんなヤバい投稿をしなければいいのですが、そうは言っても、うっかり投稿してしまうかもしれない。そんなときは、同じく第2章「炎上したらどうしたらいい？（P.78）」をぜひ読んでください。やるべきこと、や

ってはいけないことを書いておきました。

二度と消えないその理由

　大人はよく「ネットに投稿したものは二度と消えない」なんて言いますが、これ厳密には間違っています。正しくは「ネットに投稿したものは、その拡散を追いきれないので、いつまでも永遠に、その削除が終わらない」ですね。

　だってそうでしょう、誰がいつコピーして、どこに投稿したかなんて、確認のしようがないんです。しかもそのコピーが、ネットではない場所、例えば誰かのスマホやパソコンに保存されていたら、もうどうにもできませんよね。

　つまり「二度と消えない」その理由は、完全に消えたかどうか、確認する方法もなければ、完全に消す方法もないから、です。だから「ネットに投稿したものは二度と消せない」んですね。

　まあだからと言って、不必要に、過剰に心配しなくても大丈夫です。保存されても困らない投稿、スクランブル交差点で掲げても OK な投稿であれば、仮に保存されてもリスクにならないし、そもそもそんな投稿、誰も保存しませんから。気にするのは、人が保存したくなるような投稿をしたときだけ。しかもその投稿が、あなたの人生にマイナスの影響を与えないものであれば、それこそ、保存されてもまったく問題ないです。とにかくあまり心配し過ぎないでくださいね。

▶「消すと増える」のがインターネット
▶投稿は二度と消せない、は本当です

炎上したら何が起きるのか①

これは最悪の「レアケース」、
普通はここまでひどくない

最悪のケースは知っておこう

　ネットを現実に置き換え、日常と同じモラルでふるまう。そんな風にネットを使っていれば、炎上したり失敗したり、トラブルになったりすることはないでしょう。ですがそんな人にも、ぜひ知っておいてほしいことがあります。ネットで炎上したらどうなるのか、です。

　私はネットについて「怖がらせる話」ばかりする人が嫌いです。そういうのは滅んでしまえと思っていますが、ネットという道具を使うのなら、その道具が引き起こすリスクについて、特に「最悪のケース」については知っておいてほしいんです。

　例えばスポーツをするとき、誰だってケガなんかしたくないし、ケガをしないように十分注意しますよね。ですが、万一に備えて、どんなケガが起きやすいのか、応急処置はどうすればいいか、それくらいの情報は知っておくべきでしょう。「ケガには相当気をつけているから、応急処置のことは知らない」なんてわけにはいきません。第一それでは無責任です。

　ネットも同じです。道具を使う人は、その道具の失敗で何が起こりうるのか、最悪のケースも含めて知っておくべき。それがネットという道具を使う人の責任です。これからお伝えするのは、とにかく最悪なスーパーレアケース。普通はどんなに派手な炎上をやらかしても、ここまでひどくはなりません。あくまで知識として「最悪そんなこともあるんだ」くらいに受け止めてくださ

い。不必要に怖がりすぎないでくださいね。

これが炎上の「始まり」

ネットに問題発言、法律に反するような行為、動画、写真、コメントを投稿した結果、大勢の人間から注目され、バッシングの集中砲火を浴びる。これがネット炎上です。数千人、数万人、場合によってはそれ以上の人間を集めてしまい、最終的にテレビ、新聞、雑誌で報じられることもあります。

バッシングだけならまだマシ、たいていは本人の個人情報、過去の言動まで掘り起こされ、拡散され、批判されます。多くの場合、通っている学校、勤務先に迷惑をかけ、関係のない家族や友人の個人情報が暴露されることもあります。自宅が特定され、いたずら注文によるネット通販、寿司、ピザの配達が始まり、家の壁に中傷ビラが貼られ、夜中のいたずら電話が鳴り止まない……。場合によっては引っ越しをせざるを得ないケースもあります。これがネット炎上です。

やがて騒ぎは収まるでしょう。話題にも上らなくなります。世の中なんてそんなもの。世の中が「自分に無関係のバカ騒ぎ」を覚えていられるのは、せいぜい2〜3カ月程度ですからね。つまり、炎上はちゃんと忘れてもらえるんです。やがて、本人も忘れてしまうでしょう。でも……。

POINT
- ▶道具を使う人は、その道具のリスクを知るべき
- ▶炎上はたいてい、2〜3カ月で収まりますが…

炎上したら何が起きるのか②

炎上は「そのとき」だけではない、いちばん大事なとき、思い出したように

世の中はさっぱり忘れているのに

ネット炎上には「賞味期限」があります。炎上後、2〜3カ月もすれば世の中は忘れてくれます。だってみなさん、半年前に起きた炎上のこと、すぐに思い出せますか？　無理でしょう。世間はみんな忙しい。自分に関係ないバカ騒ぎなんて、それこそすぐ忘れちゃいます。

だったらネット炎上なんて気にしなくていいし、怖がる必要もないのでは？と思うかもしれませんが、違うんですよ……。人間はみな、人生の大事な場面で、身近な人にバッチリ注目されるんです。

考えてみてください。自分の「親友」「家族」「親戚」「近しい人」「昔好きだった人」「自分の娘・息子」が結婚するって聞いたら、相手が誰だか自動的に気になりませんか？　企業の採用担当者で、ネット炎上の「一覧表」を自分で手作りして持っている人もいますよ、間違って採用しないようにチェックするためです（私も誰かを採用するときは、その人のフルネームを必ずネットで検索します）。

人間は誰しも、人生の大事な場面でバッチリ注目されるんです。これはネットも炎上も関係ない、昔からです。しかも注目している人＝その場で判断を求められている人、つまりあなたの人生を左右する「鍵を握る人」です。

過去、ネットでバカ騒ぎを起こしていると、そんな人生の大事な場面で、その鍵を握る人にバッチリ注目され、炎上を見つけられ、ほじくり返され、

人生の足を引っ張られるのです。

全部実話です

　ネット炎上が原因で、高校の推薦入学が取り消された事例は「全都道府県」で起きています（全国を講演で訪問しながら確認しました）。中には推薦が決まった当日、その学校に「タレコミ」電話が入り、急遽（きゅうきょ）取り消されたケースもあります。せっかく決まった就職の内定を、炎上のせいで失った大学生はたくさんいます。炎上のせいで婚約が取り消され、そのショックで行方不明になった女性もいます。表沙汰（おもてざた）になっていませんが、タレントさんでもネットの炎上騒ぎが原因で、恋人と結婚できなかった人がいます。

　全部、実話ですよ。自分の人生の大事なときだけ、過去の炎上が足を引っ張ってくる。そんな炎上、世の中とっくに忘れているのに、誰も覚えていないのに。しかもこの苦悩には終りがありません。なぜなら人生の大事な場面に、終わりがないから。

　もちろんこれは最悪のケース、一番特殊（とくしゅ）で、一番恐ろしい、相当なレアケースです。しかもネットには「絶対に失敗しない方法」があります。次のページに書いてあります。それを読んでもらえれば、誰でもネットを安心して使えるようになります、だから大丈夫。

POINT

▶ ネット炎上は、鎮火（ちんか）したあとの方が深刻
▶ あくまでこれは最悪のケース、怖がりすぎないで

ネットで
絶対に失敗しない方法

ネットで失敗しない
確実な方法があります

これを覚えれば大丈夫

　ここまで、しつこいくらい何度も「ネットを現実に置き換える」「日常と同じモラルで使う」とお伝えしてきました。でも、それって言い換えれば、

- 日常でやっていいことなら、ネットでやってもいい
- 日常でやらないことは、ネットでもやらない

　ですよね、メチャクチャ簡単です。これがネットで絶対に失敗しない方法、なんですが……。みなさんこれは忘れてください。覚えちゃダメ。記憶力がもったいないので覚えなくていいです。それより、もっと簡単でわかりやすくて、忘れない覚え方があるので、そっちで覚えましょう、これです。

「自宅の玄関ドアに貼れるものが、
ネットに投稿できる限界」

　これで OK。こっちで覚えてください。この基準でネットを使えば、今後、ネットで失敗したりトラブルになったり、ピンチに陥るようなことは絶対にありません。保証します。逆に、もし玄関に貼れないような内容、画像をネットに投稿すれば、ほぼ間違いなく、何かしらの問題が起きるでしょう。

ネットの自由には限界がある

「大げさだなあ」と思う人がいるかもしれませんが、残念ながら大げさではありません。過去、実際に起きたネット炎上、トラブルで「玄関に貼れたもの」はありませんでした。本当に1つもないです。もちろんその逆、「これは玄関に貼れるのに、炎上したねえ、もめたねえ、玄関に貼れるのに……」というケースも、どんなに探しても見つけられませんでした。だからネットの限界は「玄関ドアに貼れるもの」でいいのです。大げさでもなんでもありません。

ネットって、私たちが思っているほど自由な道具ではなんですよ。ネットが持っている「何でも投稿できる」の範囲は、せいぜい玄関ドアに貼れる程度まで。それ以上のモノは、必ず何か問題を引き起こします。ネットはすべて家の外です。しかも「何かやらかせば必ず身元が特定される」場所。家の外で身元が特定されてしまう場所なんて一箇所しかありません、「玄関ドア」。これがネットの正体。だから玄関に貼れればネット投稿もOK。貼れないのなら、投稿しないほうがいい……のではなくて、投稿できないのです。だって炎上するかもしれないけど投稿してみたいモノなんてないでしょう?

これを言うと「玄関に貼れないものを書くのがネットだよ」なんて言い出す人がいるんですが、そういう方はぜひ、第2章「ネットに自由はないの?（P.66）」を読んでください、絶対読んでね。

POINT
▶ ネットはすべて家の外。しかも身元がバレる場所
▶ 玄関ドアに貼れるものなら、どんなものでも投稿OK

「ネットが」あなたにできること

あなたのピンチを、
ネットが救うかもしれません

いつかやってくるピンチに

　みなさん、もしこれからの人生で、「もうダメだ」「これは無理」「あきらめた」なんていう場面に遭遇（そうぐう）したら、あるいは、今まさにそんな状況だったとしたら……、あきらめる前にこう考えてください。世界には、自分と同じ立場で、同じ困難に直面した人間が、少なくとも数百人はいるはず。中には、この困難を何とか乗り切ったヤツが数人はいるだろう。つまり、この困難を乗り切る方法が必ずある。私はまだそれを見つけていないだけ。見つけずにあきらめるのはもったいない。だから解決法を探そう、ネットで。

　ネットは知恵を共有するための道具です。人間には「伝えたい」という本能があります。会ったこともない、見事（みごと）にその困難を乗り切った誰かが、必ず解決法のヒントを、ネットのどこかに残しています。広大なネットの海のどこかに、答えが置いてあるんです。あなたに見つけてもらうのを待っています。あなたはまだ、見つけていないだけ。だからあきらめない。困難って、かならず解決策と一緒に生まれてくるんですよ。だからそれを取りに行きましょう、ネットで！

　▶すべての困難には解決策があります
　▶ネットは知恵を共有するための道具です

フォロワーを増やしたい

SNSのフォロワーを
1万人に増やしたいんですが、
いい方法はありますか？

量よりも・・・

質!!

オギノのオキテ

- 動機のないフォロワーは、何万人集めても無
  意味。フォロワーは増やすものではなく、増え
  るもの

 # タレントに何十万人もフォロワーがいるのは「その人」に興味をもつ人が何十万人もいるから

単にフォロワー数を増やしたいだけなら簡単です。片っぱしから他人のアカウントをフォローして、その相手に「フォローしてください」とお願いする。それを延々と繰り返せば、やがてフォロワー1万人は達成できるでしょう。

ですが、そうやって集めたフォロワーなんて何の意味も持たないし、何も起きません。なぜならその1万人は、無理やり集めた意思を持たない集団だからです。だから何も起きないのです。

特に面白いコメントを投稿しているわけでもない、珍しい情報を発信しているわけでもない普通の俳優さん、タレントさんに、どうして数十万人のフォロワーがいるのでしょう。それは、その人「本人」のことを知りたい、その人の言葉を聞きたいと思う人が、数十万人もいるからです。

多くのフォロワーを集めたいのなら、あなた自身が、多くの人から興味を持たれる人間になればいい。フォロワーは増やすものではなく、増えるものです。

ちなみにツイッターで珍しい動画や、気の利いたコメントを投稿した結果、数万「リツイート」、数万「いいね」されることは、それほど珍しい話ではありません。ですが、その1回の反響だけでフォロワーが激増するというケースはあまりないので、おバカな投稿をして注目を集める、みたいなマネはしないほうがよいです、しないでください。

有名人と
友達になりたい

憧れのタレントと仲良くなりたい。
ネットを使えば友達になれますか？
何か方法はありませんか？

 オギソの **オキテ**

- 他の人と同じ発想、同じ戦い方ではダメ
- せっかくチャレンジするなら、成功率の高い
  方法を選んで！

 **ファンは皆、同じことを考えている。
人と同じことをしてもダメ**

　憧れのタレントと仲良くなりたい、どうにかできないか、と考えている人は、当然ですがたくさんいます。つまりあなたの競争相手、ライバルは大勢いるのです。握手会だって、そこに参加している人はみな「仲良くなりたい！」と考えているんですから、そのライバルたちを出し抜くだけでも至難の業。ではどうしたらよいのか。

　そもそも、ライバルがたくさんいる方法で戦っちゃダメです。勝率が下がります。せっかくチャレンジするなら、勝てる可能性、欲しい物が手に入る可能性が高い方法で戦うべき。あのタレントと仲良くなりたい、という発想は一度捨てて、憧れのあのタレントは、どうしたら自分に興味をもつようになるか、そんな発想でいきましょう。そのほうが、勝てる確率が上がります。

　これは、あくまで一例ですが、例えばそのタレントの過去の話題や取材の服装、会見で答えた内容などを正確に（権利侵害にならないよう注意して）網羅したコンテンツ、そのページを見れば、その人のすべてが正確にわかるようなコンテンツを作ると、何が起きるのか……。最終的にそのタレント本人が見に来ます。なぜなら本人にとっても、仕事をする上でそのページは便利だから。そして握手会で「あのサイト作ったの私です」なんて伝えれば、その瞬間ライバルと相当な差がつきます。「あの情報も追加して」なんて言われるかもしれません。ただがんばるのではなく、ちゃんと戦略を立てて挑みましょう。

YouTuberは儲かるの？

YouTuber はとても儲かると
聞きますが、本当でしょうか？
どのくらい稼げますか？

オギソの オキテ

- 成功すれば高収入、でも大変な毎日です
- 本気で勝ちたければ、まずは英語を習得

 トップクラスは「芸能人以上」の収入。そうじゃなければ「お小遣い」レベル

YouTuberは儲かるか、と聞かれれば、儲かる人は芸能人以上、儲からない人はたぶん「あなたのお小遣い」より少ない、が答えです。「動画で稼ぐなんて羨ましい」なんて人もいますが、まさか10分の動画を10分で作れるなんて思ってないですよね？　10分動画の裏には、使えなかった100分以上の撮影素材があり、それを編集するために200分以上の時間を費やしています。動画が完成すれば、すぐに翌日の企画を考えなければならない。売れっ子You Tuberともなれば、遊ぶヒマもないくらい忙しい毎日です。

まあ、誰でもがんばれば、一生に1本くらい、面白い動画を作れると思いますよ。でもそれじゃダメなんです。YouTuberにはなれない。彼らがすごい理由は、「毎回」面白いと言われる動画を、「毎日」作っていること。プロ野球なら「毎試合全打席でホームラン打ってね」という話。それが再生回数を維持し、芸能人以上の収入を得られる理由です（ちなみにYouTuberの収入だけで生きている人の数は、プロ野球選手の数より少ないです）。

海外のYouTuberの中には、日本のトップレベルのさらに「数十倍」という収入を得ている人もいます。理由は簡単、その動画は英語で作られているから。日本語なら日本語圏でしか再生されないけど、英語なら世界中の英語圏が視聴者ですからね。再生回数も桁違い。その分収入も増えます。稼ぎたいのなら、英語はすごく大事ですぜ。

アカウントが乗っ取られました

SNS のアカウントが乗っ取られてしまいました。
どうしたらいいでしょうか？

オギソの オキテ

- パスワードはサービス毎（ごと）に違うものを
- 本当に乗っ取られたときは、あきらめるしかない

すぐにID・パスワードを変更、本当に「乗っ取り」かどうか、チェックも

　「SNSのアカウントを乗っ取られた」という相談、多いです。が、実はその半分くらいは乗っ取りではありません。まずはそれを確認しましょう。特にツイッターで多いんですが、何もしていないのに勝手に投稿される、勝手にDMが送信されるというケース。

　話を聞いてみるとたいてい「以前、何かのページで『この動画の続きを見る』みたいなリンクを押したあとに『〇〇にSNSアカウントの利用を許可しますか?』みたいな表示が出て、OKを押したことがある」という人なんです。これは「私のSNSを自由に使っていいですよ」と許可しているのと同じ。SNSの「アプリ連携」設定を開いて、連携を取り消すことで、解決します。

　「いや、本当に乗っ取られたかも」という場合は、すぐにログインできるか確認します。運よくログインできたら、急いでパスワードを変更してください。ログインできなかった場合は……あきらめるしかありません。同じSNSを使っている友達に頼んで、アカウントが乗っ取られたので注意して、と告知してもらいましょう。SNSのサポート窓口にも報告しておいたほうがいいです。

　乗っ取られるのは、いろんなSNSで同じパスワードを使いまわしている人です。面倒でもパスワードはSNSごとに違うものに。同じパスワードの、末尾を少し変えるだけでも効果があります。

SNSに
自分の偽アカウントが

SNSに自分の偽アカウントが！
顔写真も勝手に使われ、投稿内容も炎上するようなもの、
どうしたら……

 オギソの **オキテ**

- 犯人はほぼ100％身近な人間です
- 偽アカウントには、「情報戦」で反撃

やられっぱなしはダメ、こちらも対抗措置を。身の危険を感じる投稿なら、迷わず警察に

　自分の偽アカウントが作られ、暴言や迷惑投稿を繰り返す。残念ながら犯人はほぼ100％身近な人間です。泣き寝入りせず、ちゃんと反撃しましょう。

　犯人はたいてい、被害者本人のＳＮＳもチェックしています。困っている様子を確認し、悪用できそうな画像を物色するためです。そこにワナを仕掛けるのです。ページ上部の固定コメントなどに、こんな内容を投稿してください。「〇〇というアカウントはニセモノです。無視してください。現在、法的措置を取るために準備を進めています」

　恐らく犯人は、大あわてで偽アカウントを削除しますよ。ＳＮＳの運営会社に通報すればいいと言う人もいますが、必ず削除されるという保証はないし、削除されてもまた偽アカウントを作られます。通報はしつつ、まあ、削除されたらラッキーくらいの気持ちでいましょう。

　大切なことは、偽アカウント被害に遭っていることをちゃんと公表し、自分に非がないことを伝え、堂々と振る舞うことです。もし偽カウントが削除されても、その記録は残りません。「誤解」や「デマ」を防ぐためにも、事実はしっかり公表しましょう。もし反撃しても嫌がらせが続くようなら、そのときはお望み通り法的な対処を検討すればいい。またもし、自宅の住所、電話番号を拡散されたり、自身の身に危険が及ぶ可能性が出てきたときは、迷わず警察などに相談してください。

メルカリ・ヤフオクって
許可制なの？

中古品を販売するには警察の許可が必要だと
言われました。メルカリ・ヤフオクで
自分のものを売るのもダメなんですか？

オギノの オキテ

- 私生活の範囲内での売り買いなら許可不要
- 売り買いできない品物は想像以上に多い。注意して

 法律の定める範囲内だったら
許可はとらなくてOK

　日本の法律では、中古品の売り買い、物々交換する人のことを「古物商」と呼び、警察に申請、許可をもらう必要があります（盗まれた品物が簡単に取引されないよう管理するため）。

　じゃあ、メルカリ・ヤフオクで持ち物を売り買いする際にも、申請が必要なのかと言えば、そんなことはなくて、例えば同じ品物を大量に出品したり、ものすごい回数の取引を繰り返さなければ、申請は不要。日頃の生活で、普通にメルカリ・ヤフオクを使う分には大丈夫です。いないとは思いますが「私は冷蔵庫を5台販売したし、車も3台売った」という人は、ちゃんと申請、許可を得てから売りましょう。

　申請不要なら、何を売り買いしてもよいのかと言えば、もちろん違います。偽ブランド品・違法コピーされたソフト・盗品・医薬品は当然アウト。たまに「手作り石鹸」やおみやげでもらった「海外化粧品」を出品している人がいますが、あれもダメです。最近、法律の改正によってコンサートチケット等の不正転売も禁止されました。新型コロナ騒動の際は、一時的にマスクの転売も禁止されましたね。「売ってはいけないもの」って意外に多いんですよ。

　法律で決められた禁止物以外にも、各サービスが取引を禁止している品物があるので、サイトの出品禁止物一覧を確認するようにしてください。知らないうちに法律違反をしていた、なんてことがないように注意しましょう。

フェイクニュースの
見分け方は？

フェイクニュースに気をつけろと言われますが、
どうやって見分けたらいいのでしょう？
見分ける方法はありますか？

オギソの **オキテ**

- 明らかなウソ、デマなら、見分ける方法はある
- 単なる考え方の違いを「ウソだ」「フェイク！」と騒ぐ人に注意

 誰にとっての本当？　誰から見た真実？　大人でも、見分けることは難しい

　フェイクニュースとは「ウソ」「デマ」「間違った情報」のこと。フェイクニュース＝「ネットの」ウソ情報だと言う人もいますが、ネットだろうが、テレビ・新聞だろうが、SNSだろうがニュース番組だろうが、ウソ・誤情報はすべてフェイクニュースです。

　フェイクニュースには2種類あり、1つは明らかなウソ・間違い。実際に過去、ネットで拡散した「地震で動物園からライオンが逃げた」とか「この台風はアメリカ軍によるもの」といったデマは、議論の余地のない誤情報です。「新型コロナには〇〇が効く」というデマも多かったですね。こういった明らかなデマは「科学的にあり得るか」「情報源の記載があるか」「無関係の画像が添えられていないか」といった点をチェックすることで見分けられます。

　難しいのは、フェイクではない、立場や考え方の違いによる情報の「食い違い」。例えば「福島第一原発の放射能による影響はもうなくなった、安心して暮らせる」という意見と「まだ影響が残っている、女性や子どもは住むべきじゃない」という、2つのまったく異なる意見。困ったことにどちらも「国連の」組織や機関から発表された情報なんです。みなさんには情報を見極めるコツだけお伝えしますが、その情報を誰（どんな組織）が発信したか、その情報で誰が得をして、誰が損をするか、これを考えるクセをつける。それだけで、その情報を信じるかどうか決めやすくなります。「国連」の話もそんな視点で調べてみてください。

拡散希望ってどうなの？

「【拡散希望】大切なこの情報を、多くの人に
伝えたい。友達にも拡散してください」という
メッセージが来ました。どうしよう？

オギソの **オキテ**

- 何も考えずに「拡散希望」に従うのは無責任
- 転送でもリツイートでも、「あなた」がその情報の責任者です

 人に頼まれたから拡散する、は思考停止と一緒。その情報に責任が持てるのなら、自分の意志で投稿を

「この事実を多くの人に伝えたい」「大切な〇〇が危ない！」みたいな、人の感情に訴える、大勢に知らせたいっていう投稿、ありますよね。それ自体はかまわないし、SNSの特性を活かした情報発信だと思いますが、【拡散希望】という文字を見て、思わずリツイートボタンに手が伸びているあなた。ちょっとその手を引っ込めて、考えてみてください。その情報の拡散に責任を持てますか？

「いや、拡散させてと言われたから手伝っているだけ。内容まで責任持てないよ」というのはダサ過ぎます。言い訳にもならない。なぜならその情報を発信しようとしているのは、他でもないあなたです。人に言われたから拡散、なんて思考停止と一緒ですよ。

ある裁判では「リツイートにもその人の意思、責任がある」という判決が出ています。この判決には異論反論あるし（次ページで詳しく書きます）、どんな気持ちでリツイートしたかも重要なんですが、少なくとも「リツイートにも責任」という考えは、法的にも主流になりつつあります。これって「あなたのリツートで、結果的に誰かが損害を被ったら、あなたにもその責任の一部がある（かも）よ」という意味ですからね。

どんな情報にも、間違いやデマが含まれます。「この拡散で誰が得するのか」と考えるセンスも重要ですね。本当に重要な情報は【拡散希望】ナシでも拡散しますから、責任は取れないと思うなら、拡散なんてしないこと。リツイートも立派な「あなたの」情報発信です。

リツイート・いいね、も訴えられる？

SNSの「投稿(とうこう)」ではなく、リツイートや「いいね」を、
誹謗中傷(ひぼう)だと訴えた人が
いるそうですが、本当ですか？

安易なRT
ダメゼッタイ！

コイツが犯人！

オギノの **オキテ**

- リツイートには、さまざまな使われ方がある
- みなさんにも知ってほしい、重要な裁判です。
  調べてみてね

 **裁判はあくまでケースバイケース。ただし、タチの悪いリツイートはダメ**

　ツイッターの機能であるリツイート、その使い方は人によってさまざま。「自分もそう思う」という同意、「後で見る」というメモ代わり、「こんなアホ見つけたぞ」というみんなへのお知らせ、さらには自分を批判するコメントへの「本人も見てますよ」という無言リツイート。

　ベテランになればなるほど、実にさまざまな使い方をしていますが、最近ある裁判で、このリツイートが注目を集めました。自分を誹謗中傷する投稿、じゃなくて、それを「リツイートしただけ」の人に対して「リツイートで名誉を傷つけられた」と訴える裁判があったんです。さすがに無理があるよね、と思っていたんですが、なんと「リツイートは投稿への賛成だ、賠償金を」という判決が出てしまいました。

　おそらくこの裁判官、あまりツイッターに詳しくないのでしょう。だってさまざまな使い方がされている道具の、その使い方を限定するような判決でしたからね。別の裁判では、「いいね」ボタンを押しただけで「誹謗中傷だ！」と訴える人すら出てきました。表現の自由が脅かされるような動きが、とても心配です。

　もちろん、災害デマや「こいつが犯人だ！」というウソ情報を、面白半分にリツイートするのはアウト。実際にそれで罪に問われ、賠償を命じられた人もいます。ですが、「誹謗中傷だ！」と言えば相手を簡単に黙らせることができる世界も、同じくらいアウトです。そんな世の中にならないよう、これはぜひみなさんにも話し合ってほしい問題です。

ネットで身に覚えのない請求が

「お申し込みありがとうございます、料金は10万円です」
というメッセージが……。支払わなければ訴えるそうです。
どうしたらいいですか？

 オギソの **オキテ**

- 連絡はしなくてOK。とにかく無視
- 法律上、ありえない請求なので心配無用です

 申し込んでいないのであれば無視でOK。何も起きません。ただの詐欺です

　いきなり「ご契約完了。お支払いは10日以内に」「料金は105,800円です」みたいなページに飛ばされてしまった、メールが来た、チャットが届いた、どうしよう……という相談を受けることがあります。大丈夫です。自分で申し込んでいないサービス、身に覚えのない契約であれば、何もしなくてOK、心配無用、何も起きません。

　「知らない間に、うっかりOKを押してしまったかも」という場合でも、あなたがうっかりOKしてしまうようなボタンなら、そのページの構造が悪いので、その契約は「ナシ」です。そんな詐欺のようなやり方でおこなわれた契約は、法律的にも無効なのです。

　もし、ちゃんとわかりやすいOKボタンだったとしても、未成年が、小遣いを超える範囲の契約をした場合はたいていなかったコトにできます（「未成年者契約取り消し」という法律（P.120参照）ですが、この法律の適用には条件があるので、まわりの大人に相談してください）。

　重要なのはこちらから連絡をしないこと。電話ください、メールください、と書いてありますが、しなければ何も起きません。裁判が、弁護士事務所が、なんて適当なことを書いてありますが全部ウソです。万が一連絡してしまい、相手から電話やメールが来るようになっても、今後はもう電話に出なくていいし、メールも無視でいいです、詐欺だから。相手は警察に訴えるとか裁判とか言うかもしれませんが、そんなことはできません、詐欺だから。無視して大丈夫です。

Q11

迷惑メールが
たくさん来ます

あるサービスに登録してから、
迷惑メールがたくさん来るようになりました。
個人情報が漏れたのでしょうか？

オギノの **オキテ**

- 迷惑メールが来た＝メアドが漏れた、ではない
- 絶対に返信しない。もっと着信するようになります

 メアドは「盗み出す」から「作り出す」時代に。個人情報が漏れた可能性は低いです

　迷惑メールが届いたからといって、必ずしもあなたのメアドが流出したわけではありません。昔なら、ネット企業から盗まれたメアドが迷惑メール業者に買われ、悪用される事例もありました。ですが、今やメアドは「作る」時代。ボタン1つで何千万という当てずっぽうのアドレスが作成され、迷惑メールが送信されています。

　当てずっぽうのアドレスですから、送ったメールはほとんどエラーで戻ってくるでしょう。でもごく稀にエラーにならないメール、つまり偶然、アドレスが実在してしまったケースがあり、それがみなさんに届く迷惑メールなのです。一度迷惑メールを受信し始めると、後からどんどん送られてくるのは「エラーで戻ってこない、このメアドは実在するぞ」と気づかれたからなんですね。

　「いや、自分のメアドは携帯電話会社がくれた『暗号』みたいな謎の文字列で、まだ変更してないし、誰にも教えてない。そんなアドレスに迷惑メールが来るなんておかしい」と思うかもしれませんが、その暗号みたいなメアドも、システムが決まった法則に基づいて作り出したもの。迷惑メール業者が、似たようなシステムで、同じ法則でメアドを作れば、暗号みたいなメアドすら、同じものが作れてしまうんです。こればかりは、携帯電話会社の「迷惑メールフィルター」をONにする以外、対処法はないですね。ちなみに返信は絶対しないでください。読んでくれているんだ、とますます迷惑メールが増えます。

「当選しました！」
「感染しています！」

いきなり「当選しました！」とか
「ウイルスに感染しています！」というメッセージが
表示されました。大丈夫??

オギソの オキテ

- 目的は「クレジットカード番号」の盗み出し
- 「ビックリ」「急がせ」「身に覚えなし」が揃ったらまず警戒

 **ビックリさせて、急がせる、身に覚えがないものは、たいてい詐欺**

スマホやパソコンを使っていたら、いきなり「おめでとうございます！1億人目のユーザーです」とか「警告！ウイルスでファイルが破損しています。復旧させますか？」みたいなメッセージが表示されることがありますが、全部詐欺です。

最初のメッセージに続けて「新しいスマホをプレゼントしますので、クレジットカード番号を入力」とか「除去ソフト購入のためクレジットカード番号を入力」とか……。つまりクレカ番号を盗むための詐欺です。

そもそもなぜ、プレゼント受取りにクレカ番号が必要なの？　なぜ、見ず知らずの他人がウイルス感染に気がつけるの？　ツッコミどころ満載ですが、多くの人がだまされます。その理由は、いきなりメッセージを表示して「ビックリ」させ相手の思考能力を奪い、カウントダウン警告などで「急がせ」て、本当かなという確認すらさせない、巧妙でタチの悪い、詐欺師のテクニックが駆使されているからです。

プレゼント、ウイルス、どちらもネットの「広告機能」を悪用しているので、どんなページを見ていても表示される可能性があります。詐欺師の手口はどんどん変わっていくので、これからも新しい詐欺が出てくると思いますが、これらの詐欺に共通するのは「身に覚えがない」です。「ビックリ」させ、「急がせ」て、「身に覚えのない」モノは、たいてい詐欺。この条件はしばらく変わらないので、覚えておいてください。いったん立ち止まって考えるクセは、日常生活でも役に立ちます。

Q13

ネットの個人取引で
だまされたら？

ツイッターの知り合いから「ゲームのアイテムを
売るよ」と言われ、お金も払ったんですが
それっきり……ツイッターも消えてしまいました

その！ユーザーは存在しません。

- 絶対安全な個人取引はない
- トラブルに対処できないならやらない

 **個人どうしの取引は大人でもだまされる。 詐欺なら警察に相談を**

　ゲームのアイテムに限らず、「限定スニーカー」「コンサートのチケット」「２台買えちゃった新品のゲーム機」……。SNSには、こんな感じの「買いませんか？」がたくさん投稿されています。もちろん、ちゃんとした「買いませんか？」もありますが、そうではない「詐欺」も、たくさんあります。

　絶対に安全だと思える個人取引をするのは、正直、大人でも難しいです。「プリカ画像で先払いしてほしい」とか、商品画像が「メーカーページ写真」とか「SNSアカウントが作りたて」とか、そういうわかりやすいものなら「怪し過ぎ」「詐欺だろ」と突っ込めるんですが、そうでなければ本当にわからない。個人取引はおすすめできません。

　だって、みなさんが未成年で、取引相手が大人なら、未成年相手に何かを売りつけようとする「いい歳した大人」なんて、ちょっと信用できないし、取引相手が未成年なら、未成年同士の商品取引はトラブルの元ですから、やっぱりすすめられません。

　そもそも個人取引は、常に「詐欺かもしれない」の覚悟が必要な取引です。詐欺だったら警察に被害届を出さなければなりません。そこまでの覚悟があるのか、そんなリスクを冒してまで欲しい商品なのか、トラブルに対処する自信はあるか、そうでなければやめましょう。私は支払いが銀行振り込みなら、まあ大丈夫かな、と雑に判断しちゃいますが、それはトラブルが起きても自分で対処できるからです。

Q14

知らない人から
友達申請が……

SNSで知らない人から友達申請、フォロー申請が来ました。
共通の友達もいるみたいだし、
友達になっても大丈夫でしょうか。

 オギソの **オキテ**

- 共通の友達がいる、は判断材料にならない
- 犯罪者でも低コストでステキな善人キャラに

 友達の友達はアテにならない。ネットの「友達」はただの設定値です

　迷ったときは、現実世界に置き換えましょう。もし現実の世界で、通りすがりの知らない人から、突然、「私、あなたの友達の友達だから、友達になりましょう、ね」と声をかけられたら……引きますよね？

　「あなたの友達」は、そんなに深く考えずにOKボタンを押している可能性だってあります。だとしたら、友達の友達であることは何の安心材料にもなりません。

　もし確かめたければ、その友達に「あなたの友達っていう人から申請が来たんだけど、知ってる人？」と聞いてみればいいんですが、そもそも、いきなり「友達になろう」なんて申請してきた見ず知らずの相手に、そこまで手間をかける必要もないでしょう。無視でもいいのでは？

　間違いなく言えるのは、その「知らない人」のプロフィールが、10代の異性だとしても、ステキなプロフ写真だとしても、その情報にはまったく根拠がないということ。ネットは、お金も手間もかからず、自分をステキな人間に見せられる道具です。男が女に、大人が子どもに、悪人が善人に、簡単になれます。そして、未成年のあなたに「友達になろう」と言ってきたその相手が大人だった場合は、高確率で何かしらの問題が起きます。だって駅前で、大人が子どもに「友達になろう」と声をかけたら、その時点で通報されますよね？　そういうことです。自分の友達リストを確認してみてください。きっと「お前誰やねん」という人が見つかるはずです。

ネットで恋人ができました

ネットで知り合った人と付き合い始めました。
会いたいと言われているのですが、
会いに行ってもいいでしょうか。

 オギゾノ **オキテ**

- 未成年は成人よりも犯罪者に狙（ねら）われる確率が高い
- 犯人は未成年なら誰でもいい、あなたでも、誰でも

 未成年が被害にあう性犯罪で、事件化されない「泣き寝入り」ケースは、毎日起きている

　大人の世界なら、ネットで知り合った人と会う、は特に珍（めずら）しいことではありません。仕事なんかではしょっちゅうです。では、未成年が同じことをしてもOKかと言えば、話は別。理由は簡単です。「大人が」ネットの知り合いに会いに行って殺される確率よりも、「未成年が」ネットの知り合いに会いに行って殺される確率のほうが高いから。今はまだ、そういう時代です。

　「知らない人から友達申請〜（P.48）」で述べた通り、ネットは低コストで別人になれる、悪質な性犯罪者でも「ステキな人間」になれる道具です。見破ることは大人でも難しいし、そもそも大人を狙う性犯罪者より、未成年を狙う性犯罪者のほうが、圧倒的に多いんです。確率的にも「なんで大人はOKで子どもはダメなんだよ」は成立しません。

　もちろんネットの知り合いがすべて犯罪者、であるはずがありません。実際に会ったらマトモな人で、楽しい時間を過ごせたというケースもあるでしょう。ですが「そうじゃなかった」場合、最悪殺される可能性もあるんです。「会いに行けば？」なんて言えるはずありません。

　何よりこの世界に「殺される可能性がゼロじゃないけど、会ってみたい人」なんていないでしょう？　いないんですよ。

　私は、未成年が性犯罪被害にあい、泣き寝入りしている事例をいくつも知っています。犯人は皆、「未成年なら誰でもいい」と考えるような人間でした。ぜひそのことを知っておいてください。

Q16

未成年を狙う変質者って本当にいるの？

先生からは、しつこいくらい
「中高生は狙われている」と注意されますが、
実感がありません。

オギソの **オキテ**

- フォロワーの中に、変質者が紛れているかも
- 何かあれば、匿名でいいのでまず地元の警察に電話で相談

 **身近に感じない理由は「泣き寝入り」が多いから。あなたの隣で起きています、本当に**

「弱みを握（にぎ）られている」「会いに来いと脅（おど）されている」、こんな相談、これまで何度も聞いてきました。私に相談するということは、警察に被害届を出していないということ。未成年を狙う事件は、警察も「全体像がわからない」というほど泣き寝入りが多い。だからあなたの友人、知り合いに被害者がいても、あなたが気づくことはないのです。

もしかしたら、すでにあなたはターゲットにされていて、SNSもチェックされている。だけど相手は「まだ」動き出していないだけ。だから気がつけていないのかもしれません。未成年を狙う犯罪者は、半年、1年という長い時間をかけて近づいてくるケースが多いのです。

同年代で気の合うSNSの友達。会ったことはないけど、いろんな話した。住んでいる町、近所にグラウンドがある、隣（となり）の犬がかわいい、そんなたわいもない話もたくさん。ある夜、「星がすごくキレイだから、部屋の電気を消して見てごらん」と言われ、何気（なにげ）なく電気を消したら……「電気消したね、部屋がわかっちゃった。今、下にいるよ」。

実話です。部活・音楽の趣味がきっかけでつながった同年代のSNSアカウント、実は未成年を狙う変質者（会社員）でした。このあと、家の住所を拡散すると脅してきたので、すぐに110番してもらい、深刻な事件には至りませんでしたが、半年間、まったく気がつかなかったそうです。あなたを狙う変質者が、今、あなたのフォロワーの中にいるかもしれません。気をつけて調べてみてください。

Q17

わいせつ画像を
ばらまくと脅<small>おど</small>されています

下着姿や裸の画像を送ってしまった相手から
「会いに来い、画像をばらまくぞ」と脅されています。

オギソの **オキテ**

▪ 絶対に会わない、まずは匿名<small>とくめい</small>でいいので警
察に相談を。あなたは未成年の被害者、怒
られないので警察に相談してほしいのです

 **会いに行くと殺される可能性があります。その後も継続して脅迫されます**

「なぜ未成年は、自分の下着姿や裸を送ってしまうのか」と大人からよく聞かれるのですが、半分は「だまされて」、もう半分は「脅されて／相手も送ってくれたから／興味本位」のどれかです。

「だまされて」の典型的なパターンは、同年代、同性のふりをして未成年に近づき、体型の悩みを相談しつつ、適当な理由をつけて画像を送信させ、送ったとたんに態度を豹変、脅迫するというもの（ちなみに未成年男子も「女性」を装った変質者から狙われるので、他人事だと思わないでください）。

どんなケースでも、間違いなく言えるのが「会ってはいけない」ということ。会いに行けば、間違いなく性的暴行を受け、その様子も撮影され、それ以降もずっと脅迫され続けます。相手が自暴自棄になっている犯罪者ならそのまま殺される可能性もあります。

言うことを聞かなければ画像を拡散されてしまう、と心配になるかもしれませんが、その可能性はほぼゼロです。犯人にとって画像を拡散させることは「自分が逮捕される可能性」を上げる行為であり、捕まった際の罪も重くなる行為。何より画像拡散で犯人が得られるものがありません。動機のないことはやらないのです。そもそも「会いに行かなかったから拡散した画像」なんて、見たことないでしょう？　大丈夫です。安心して。匿名でいいから、まずは地元の警察に電話で相談してください。私に直接相談してくれてもかまいません。

Q18

公開済み画像を「拡散させる」と脅(おど)されています

SNS にアップした部活の画像や
友達と遊んでる画像を拡散させるぞ、
嫌なら会いに来いと脅されています……

この写真を
拡散されたくなければ…

オギソの オキテ

- この頭の悪い脅迫(きょうはく)に対応してしまう素直な人がターゲット。脅迫は犯罪、警察に相談を

 **A** ネットで公開している画像をバラまく？　意味がわかりません

「もうSNSで公開している画像をばらまくって……何でこれが脅し文句になるの？　意味がわからない」と不思議に思ったあなたなら大丈夫。そんな画像をいくら拡散されても問題ないし、何も起きませんよね。当たり前ですが。

この頭の悪い脅し文句、実はわざとなのです。犯人もそこまでバカじゃない。さすがにこれが脅し文句として成立するとは思っていません。ではなぜ、こんな間抜けな脅迫をするのか？

その理由は、この頭の悪い脅し文句に「えっ！？　拡散されるの？　大変だ！どうしよう……」とあわてて反応してしまう人が、たまにいるから。犯人の狙いは、そんなふうに心配であわててしまい、冷静な判断ができない未成年。つまり、脅しやすい、だまされやすい、命令しやすい未成年を探し出すために、わざと頭の悪い脅迫をしているんです。この脅しにあわてる未成年＝言うことを聞く可能性が高い、相当卑劣なんですよ。

「脅しを無視した子はこんな目にあっているよ」と顔写真や名前が数万人に拡散している様子を、ご丁寧に画像で見せてくる犯罪者もいますが、もちろんそれも捏造のウソ画像。そもそも拡散させたら（誰も注目しませんが）、犯人だって逮捕される可能性が高くなります。だからそんなことはしません。すぐ警察に相談しましょう。卑劣な犯罪者は、逮捕されるべきです。

ネット上の犯罪者を
どう見分ける？

未成年のふりをした大人のネット犯罪者って、
どうすれば見分けることができるのでしょうか？

 オギゾの **オキテ**

- 日常でも犯罪者を見分けることは難しい
- 向こうから近づいてくる、不自然に心地よい
  人に注意

 # 日常生活で難しいことは、ネットでも難しい。見分けられないことを覚悟（かくご）してください

　ネットは日常と同じ、区別しない。これが基本でしたね。そう考えるとこの質問は「街を歩いている犯罪者は、どうすれば見分けることができるのか？」と同じことになります。ものすごく難しい質問です。大人でも答えられないでしょう。しかも残念なことに、「街」より「ネット」の方が、もっと難しいです。

　もし日常で信用を得ようと思ったら、顔は隠さず、ちゃんとした身なりで、まともな会話をして……つまり相当な手間とコストがかかりますよね。一方でネットは、手間もコストもかけずに、犯罪者が善人になれます。適当に集めた画像で身なりを整え、会話も、ストーリーをイメージして予め（あらかじ）用意しておけば、いくらでもステキな善人になれます。狙われる（ねら）より、狙うほうが強いです。正直、私にはネット上で犯罪者を確実に見分ける自信がありません。

　ただ１つだけ言えることがあります。あなたにとって、やたらと趣味が合い、心地よい、何でも言うことを聞いてくれる人。日常ではなかなか見かけない、そんな不自然な人が「向こうから」近づいてきたときは、その不自然さにちゃんと違和感を持ってください。なぜ私にここまで気を遣って（つか）くれて、ストレスを感じないように配慮してくれて、心地よくさせようとしているのか。その目的は何なのか。この人はなぜ、いま「私に裸の画像を送って」と言ったのか、そしてこれから、何が起きるのか。

個人情報ってどこまで？

個人情報に気をつけろと注意されますが、
名前や住所さえ出さなければ、特定されませんか？

オギソの オキテ

- ○○は危ない、△△は大丈夫、という考え方はかえって危険
- リスクは時と場合によって変わる、自分で判断するクセを！

 さまざまな情報の組み合わせで個人は特定される。ただしすべてが危険、ではない

　個人情報とは、個人を特定できる情報、またはその情報の組み合わせのこと。「山本一郎」さんという名前だけでは、どこの誰だか特定できないので、個人情報にはなりません。ですが「東京都○○区◎◎町」の「山本一郎」さんだったら、「多分あの人だ」と言えるので、個人情報だと言えます。同じ情報でも状況によって変わるんですね。

　もちろん、個人情報は「名前」「住所」だけではありません。例えばあなたが通っている「学校」と住んでいる「地域」がわかれば、何時頃どの電車に乗るのか、またはどの道を通るのか、徒歩なのか自転車なのか、おおよそ見当がつきますよね。待ち伏せするのは簡単です。

　一方で、銀行の口座情報はどうでしょう？　あなたの口座番号が世間に流出したら何が起きるか……。実は悲しいくらい何も起きません。知らない誰かが、あなたにお金を振り込む可能性が上がるくらいです。

　つまり名前が危ないとか、住所が危ないとか、そんな単純な話ではなく、「今この情報で、誰がどんな悪用をするのか、しないのか」「それが起きる可能性はどれくらいか」を都度、自分で考えて判断する、そんなクセが大事なのです。通学中の待ち伏せなんて、起きる可能性ほぼゼロに近いですが、そういうこともあるんだ、と知らないと、注意すらできませんよね？　人間は生きているだけで自然と情報が漏れていきます。それを知った上で「この情報はどれくらい危険なのか」を考える、判断する。そんなクセをつけましょう。

風景で
居場所がわかるの？

写真を撮って SNS に投稿したら
場所が特定されるって本当ですか？

オギソの **オキテ**

- 特定しようと思えば、どんな画像も特定可能
- ふつうは誰も特定しようなんて思わない。気にしすぎないで

大勢に注目されるような状況なら、ほぼ特定されるでしょう

　特定されるか、という質問であれば「どんな風景でも、ほぼ間違いなく特定される」が答えになります。ですが、普通に日々を過ごしているのであれば、そんな心配は不要です。逆の立場で考えてみてください。あなたがネットで見かけた何気ない風景、画像について、理由もなく「場所を特定しよう」って思いますか？　しないでしょう（ちなみに１枚の画像から場所を特定する作業は、ものすごく大変です。私は時々、テレビのワイドショーに頼まれて、そういう作業をすることがありますが、毎回必ず徹夜します）。

　投稿された画像で場所が特定されるのは、たいてい、その画像が大勢の人、数万人〜数百万人から注目されているとき。ほとんどの人にとっては「どこだかわからない」場所ですが、ごく一部に「あれ、この場所、知ってる」「家の近所だ」という人がいて、その人がみんなに「特定した！」と教えているだけ。つまりネット炎上みたいな、たくさんの人を集めてしまう状況を作らなければ、画像１枚で場所が特定される心配はあまりないのです。

　ちなみに執念深いストーカーなら、たった一人で、一晩でも二晩でも、徹夜して場所を特定するでしょう。タレントの顔写真を分析して、瞳に写り込んだ風景から家を特定したストーカー犯罪者もいました。もしあなたがタレントさんなら、十分注意してください。

なぜ大人は
顔出しOKなのか

大人は「ネットに顔写真を投稿するな」と言いますが、
そんな大人も、自分の顔写真を投稿しています。
なぜ未成年にだけ投稿するなというのですか？

コレは重いから
まだ子どもには早いさ

へぇ〜

オギソの **オキテ**

・大人はOK、なのではない、あくまでリスク
　の違い

何が起きるのか、起きないのか、トラブルの発生確率で考えればわかる

　たいていの大人は自分の顔写真をネットに投稿していますが、それが原因でトラブル、犯罪に巻き込まれる事例はほぼありません。なぜなら大人は、ネットでつながっている「相手」もほぼ大人。みんな家庭、常識を持ち、守るべき人生も抱えている人です。当然、ネットで誰かに暴言を書いたり、炎上したりする人も少ないでしょう。また当たり前ですが、未成年を狙う犯罪者は大人を狙いませんから、大人は「無差別に近づいてくる犯罪者」に狙われる確率が未成年よりも低い。だから顔写真を投稿してもあまり問題が起きないのです。

　では未成年はどうかと言えば、ネットでつながっている「相手」もほぼ未成年、トラブルになれば平気で「殺すぞ」的なコメントを書く人もいます（大人はその投稿が、逮捕される行為だと知っているので、書きません）。顔写真を投稿していれば「顔はバレてるから、校門で待ち伏せるわ（これも脅迫だから犯罪）」みたいな話にもなりますね、つまり面倒が起きやすいのです。

　さらに、未成年を狙う犯罪者は「未成年なら誰でもいい」ので、どうせなら顔がわかる相手を狙った方が、効率がいいのです。狙った相手の情報が多いほうが、脅したりだましたりしやすくなりますから。

　顔写真の投稿は、あわてて削除するほどのリスクではないし、もっと注意すべきことが他にたくさんありますが、大人と未成年の「顔写真リスクの差」くらいは知っておいてください。

ネットに自由はないの？

ネットに〇〇は書くなとか、〇〇を載せるなって
言われますが、ネットは日常でできないことを
やる場所だと思っています。

 オギソの **オキテ**

- 日常でやっていいことはネットでもOK
- 最後はやはり「玄関ドア」で判断

66

ネットは自由、ただしその自由には「限界」がある

第1章でもお伝えした通り、ネットはすべて家の外、自宅玄関の外側です。だから玄関ドアに貼れるものだけがネットに投稿できるもの。例外はありません。実は以前、この「考え方」がネットニュースに取り上げられ、ツイッターでも話題になったんですが、ある未成年の方が、こんなコメントを投稿していたんです。「玄関に貼れないモノを投稿するのがネットだよな」

気持ちはわかるんですが、残念ながら違います。その方が言っている「玄関に貼れないモノ」って、実は貼れるモノなんですよ。「秘密の趣味」とか「ラブラブな投稿」とか「絶対、人に見せられないポエム」とか、貼れないっていうのは多分そういったモノでしょう。残念ながら貼れます、全部貼れます。

本当に「貼れないモノ」とは、人生が大きく変わるモノ。社会人なら逮捕され会社もクビ、大学生なら就職内定が取り消され退学、中高生なら顔・名前・住所までネットにさらされ引っ越し……そんなハードな状況を招いてしまうものが「貼れないモノ」なんです。ラブラブやポエムの恥ずかしさなんて、どうでもいいレベルなんですよ。

ネットは自由ですよ。ただしその自由は「玄関ドアに貼れる程度」の自由です。ネットの自由なんてそんな程度。そして、玄関に貼れる「ギリギリ」をちょっとでも超えてしまったら、その先には、恐らく面倒で不自由な人生が待っているでしょう。

SNSの反応が
気になります

「いいね」されると嬉しいけど、
「いいね」がないと落ち込むし、
「バカ」「うざい」とか書かれると傷つきます。

オギソの オキテ

- 意見・批判の自由は認める。犯罪や度を超した攻撃は許さない
- 大勢からの攻撃に見えて、実は一部の人達だけの意見

あなたが何を言おうと自由だし、相手があなたを批判するのも自由

　誰だって、「いいね」とほめてもらえればうれしいし、「バカ」「うざい」と言われたら傷つきます。SNSに何か投稿するのは、情報を発信するということ。情報を発信すれば、必ず反応・反響があります。そこには賛同意見もあれば反対意見もあるでしょう。批判する人だっています。そのことは覚悟しておいてください。あなたがSNSで自由に発言できる（表現の自由）のと同じように、相手にも同じく、意見・感想を言う権利があるのです。

　だから相手の意見や批判に「書くな！」と要求するのはダメ。相手の表現の自由を侵害することになるし、それは自分にもそのままはね返ってきます。「おまえこそ書くな！」と言われたら何も言い返せないでしょう？　もちろん「殺す」「消す」「家に行く」みたいな投稿は犯罪。警察に即相談です。度を超えた攻撃やデマを流されたら、裁判で訴えて責任を取らせましょう。

　勘違いしてほしくないのが、相手の意見や批判を必ずしも受け入れなくてもいいということ。ズレた指摘、意見なら、まじめに取り合わず「そういう意見もあるんだな」と受け流してください。また、もし大勢から「バカ」「うざい」と攻撃を受けても、実際は世の中のごく一部の人たちの意見です。数百倍、数千倍の見えない味方、何とも思っていない人達がいることを忘れないでください。そんなもの真に受けて命を落とすなんて、絶対にやめてくださいね。

Q25

コメントを消せ！と
言われました

受験に合格、嬉しくて SNS に投稿したら
「まだ受験が終わっていない人の気持ちを考えろ、消せ！」
とコメントされました。どうすればいいですか？

 オギゾの **オキテ**

- お気持ちヤクザは相手にしない
- 「気に入らない表現」も「消せ！」はアウト

「みんなの気持ちを考えろ」って……それ、「みんな」じゃなくて「あなた」個人の意見ですよね?

いますよね、こういう人。「休日に〇〇に行って遊んだ」と書けば「休めない人もいるのに無神経だ、消せ！」と騒いだり、「あのポスターは不愉快だから回収しろ！」と抗議したり、あたかも、そんなルールがあるかのごとく、正義の味方っぽく怒る人がいますが、それって単に、その人の個人的な要望でしかありません。それなのに、まるで「社会的な悪」でも見つけたようにバッシングする。そういう人たちを「お気持ちヤクザ」といいます。なにしろ「私が不愉快だから、私が傷付くから消せ！」ですからね、もうヤクザ。

彼らには、もれなくその発言がブーメランのように自分自身に返ってくるでしょう。「SNSの反応が〜（P.68）」のページでもお話しましたが、「その『消せ！』『やめろ！』という主張に傷ついたから消せ！」と言われたら何も言えませんからね。

表現の自由って、私もあなたも自由に発言できる＝自分にとって「好きじゃない」表現でも、その表現が存在することだけは認めて、我慢する「修行」でもあるんです。だから「不愉快だ」と怒る程度ならOK、でも「不愉快だから消せ」はアウトです。もしそんなクレームを言われたら、無視して放っておけばいいのです。

それでも「なんで無視するんだ！」と言ってきたら笑ってあげましょう。見ず知らずの人間に、いきなり失礼な言葉を投げつけたら、無視されるのは当たり前ですから。

炎上を煽る人って理解できない

なぜ炎上に便乗して騒ぐ人がいるのですか？
大人でも、そういう人がいますが
ほかにやることがないのでしょうか。

オギソの **オキテ**

- 炎上に「参加しない人」とはどんな人なのか？
- 炎上＝大勢の人が怒っている、ではありません

A 炎上に加担しているのは、実はごく少数の人

確かにあなたの言う通り、炎上を見つけては大騒ぎする人たちには、時間がタップリありそうですね。では逆に「時間がない」人ってどんな人でしょう？　まわりから頼りにされて、相談されて、助けてあげて「ありがとう」と感謝されている人、そんなステキな人って、たいてい忙しそうですよね。

毎日が忙しいけど、楽しい幸せな時間を過ごしている、そんな人が、大切な時間を割いて「炎上見つけた！」「特定！特定！」「追い込んでやる！」なんて……やりませんよね。忙しいから。

逆にヒマを持て余し、炎上を見つけては「ウキキーッ」と駆け寄り、便乗して大騒ぎするような人は、まわりから頼りにされないし、相談されないし、誰も助けていない気がするので、恐らく毎日がつまらなかったり不満なんだと思います。だから炎上に飛びついてストレス発散しているんでしょう。お金もかからないですからね。

「炎上」には大勢の人が集まっているイメージがあるし、世の中はそんなヒマ人ばかりなのか、と心配になるかもしれませんが、大丈夫。実はそういう人たちって世の中のごく一部です。だって「炎上なんてどうでもいい」「別に騒ぐ話じゃないでしょう？」と思っている大多数の人達は、その気持をわざわざ投稿しません。だから見えないんです。見えているのは大騒ぎしている一部の人だけ。「世の中みんなが怒っている」というのは錯覚なんですよ。

友達限定なら
拡散しない？

SNSでちょっとやばい写真を
友達限定公開で投稿したけど、
限定なら拡散しませんよね？

オギソの **オキテ**

- ｢人に見せたいもの｣＝｢拡散しやすいもの｣です
- ネットに、保存・拡散できないものはない

ネットに友達限定はない。どんな設定、どんなアプリも無意味

　ネットに投稿したい、でも仲間以外には見せたくない、拡散なんて絶対したくない。そんなときに、「私のアカウントは鍵付きだから大丈夫」「この投稿は設定を変えて『友達限定』の制限をかけたから、拡散しない」なんて思っている人、危険ですよ。

　わざわざ鍵付きにしたり、公開範囲を変えてまで投稿したソレって「誰かに見せたかった」ものですよね。誰かに見せたかったその投稿を見た、あなたの友達はどう思うか？　やっぱり誰かに見せたくなります。でも設定・制限のせいで拡散させることができません。そんなとき、あなたはどうしますか？　ごく自然にカシャッ、スクショ（スクリーンショット）を撮りますよね。そして「信用できるあなたにだけ教えてあげる、画像で」。あっという間に拡散です。ネットに「限定公開」なんてありえないんです。

　それでも「このアプリは特別だから大丈夫、拡散しないようにスクショも動画保存もできない、制限付きのアプリだから」なんて言う人がいます。そんなの簡単ですよ。その「大丈夫」というアプリを立ち上げ、保存したい画像を開いて、机の上に置いて……別のスマホで撮影できますよね？　写真も動画も保存できます。拡散制限付きのアプリなんて無意味なんです。人間の「保存したい」「誰かに伝えたい」という気持ちは絶対にコントロールできません。地球上に、友達限定なんてありえない、ぜひこのことを知っておきましょう。

Q28

ネットはなぜ
身バレするの？

SNS に個人情報を載せていないのに
炎上すると、あっさり身バレするのはなぜですか？

オギノの **オキテ**

・ネットの匿名性は「ファミレスの順番待ち」
程度。人が大勢集まれば、必ず個人は特定
される

「ネットの匿名性」なんて言う人ほど ネットのことを知らない

「ネットには匿名性がある」なんて言いますが、大した匿名性じゃありません。例えばファミレスの順番待ちで、本名じゃない適当な名前を書く人がいますよね。でも店の帰り道を尾行すれば、本名なんてすぐバレる。ネットの匿名性なんてそれと同じ程度です。本気で調べられたら、誰でもすぐ特定できます。

「特定されたことなんてないけど？」というあなた、それは今まで、誰もあなたを特定しようと思わなかっただけ。誰かを理由もなく特定しようなんて、普通は思わないですから。

では人はどんなときに特定されるのか。それはその人を「特定したい」と感じる人間が、大勢集まったとき、つまり「炎上」です。

炎上では、驚くほどの短時間で個人が特定されますが、あれは別に、ネット民の「調査能力」が高いわけではありません。数百万という人間が集まれば、「この風景、見覚えあるな」「あれ、地元じゃん」「弟が通ってる学校かも」「……俺こいつ知ってる」という人が一人はいる。あとはその人たちが、みんなに教えるだけ。単純な話なんです。炎上したら、個人は絶対に特定されます。

ちなみに、みなさんのまわりに「普段は穏やかなのに、ネットだと急に粗暴になったり、負けず嫌いだったり、意外な一面を見せる」ような人、いますよね。それ、その人の本当の姿です。実はSNSって本人の素が出やすい、バレやすい道具なんですよ。気をつけてください。

炎上したら
どうしたらいい？

軽い気持で SNS に投稿したら
一気に拡散、炎上してしまいました。
どうしたらいいですか？

私がアホでした。教えてくれてありがとう

 オギ～ンの **オキテ**

- 炎上は消さない、謝罪する場所がなくなります
- 3つのポイントを抑え、逃げず、ごまかさず

 あわてない、消さない、ごまかさない。なぜ炎上したのか、理解してから対応を

　ネット炎上とは、SNS等に投稿した「反社会的な言動」「法律に反するような行為」に大勢の批判が集中して、バッシングされること。そもそもそんな投稿しなければいいのですが、万が一炎上してしまったときは、どうしたらいいのでしょう。

　急いで消して、なんていう人がいますが大間違いです。炎上は消しちゃダメ。「消すと増える」がネットの常識、消してもすぐにコピーが拡散します。それよりも、消さずにその続きを書くのです。

　まずは謝罪。しっかりと自分の言葉で「申し訳なかった」とちゃんと謝る。2つ目は「何に対して謝っているのか」の説明。ここで「言葉足らずだった」とか「乗っ取られた」なんて書いちゃう人がいますがダメ、言い訳は火に油です。なぜみんなを怒らせたのか、その理由をちゃんと理解してから説明しましょう。

　3つ目は「ありがとう」、お礼です。非難している相手から「すみません」と言われても驚きませんが、非難しているのに「ありがとう」なんて言われたら、人間は、思わず攻撃の手が止まってしまう。「みんなのお陰で自分の失敗に気がつけた、ありがとう」、こんな風に言われたら、普通、それ以上は怒れません。この3つでしっかり謝罪すれば、大抵の炎上は収まります。ですが、炎上投稿を消してしまったら、この反省、謝罪をする場所がなくなってしまうのです。だから炎上は、あわてて消してはいけない。重要なポイントです。

SNSで告白するのは
ありですか？

好きな子がいます。
面と向かって告白する勇気がないので
SNS で伝えてもいいでしょうか。

- 告白は、成功率の高い方法・手段でするべき
- 対面コミュニケーションの情報伝達力は想像
  以上に高い

何を使って、どうやって伝えるか、告白の成功率で判断する

　あのとき、告白しておけばよかった、なんて後悔するくらいなら、その気持ちはちゃんと伝えておいたほうがいいと思います。ですが、告白は一発勝負のバクチではありません。せっかく勇気を出して告白するなら、成功率が高い方法でチャレンジしたほうがいいですよね。告白の返事がYES・NOの2択なら、成功率は50％。意外と高い数字です。あとはこの50％をどうやってUPさせていくか、ここが勝負です。

　逆の立場で想像してみましょう。もしあなたが告白されたとき、「すごく好き！」と「ちょっと好き」、どちらがグッと来ますか？　「すごく」ですよね。告白は好きという感情がより強く伝わったほうが、51％、52％……と成功率が上がっていくのです。

　次は「対面」で相手に好きだと伝えるシーンを想像します。言葉、表情、身振り手振り、声色、目つき、これだけの道具を使って感情を伝えることができますね。一方でSNSは、文字だけで情報を伝えるツール。どんなにがんばっても伝えられる感情には限界があります。感情伝達フル装備の対面告白と、文字だけのSNS告白、どちらがより強く「好き」を伝えられると思いますか？

　昔は携帯もSNSもありませんでしたが、今は感情を伝える手段、方法がたくさんあります。だからこそ、冷静に、その告白が成功する確率の高いやり方を選ぶべきだと思います。

Q31

友達がSNSで
いじめにあっています

SNSで友達がいじめられているみたい。
助けてあげたいけど自分がターゲットになるかも、と思うと
怖くて何もできません。

オギノの **オキテ**

- 匿名でいい、「自分は味方、敵じゃないよ」
  と伝えて。それだけで、気持ちが少し救わ
  れます

 いじめられている人は、自分以外、全員が敵だと思っている

　いじめ被害にあっている人にとって、いじめの加害者＝「敵」です。では、何もせずただ黙って見ているだけの、まわりの人たちのことは、どう思っているのでしょう？「あなたは私の敵？　それとも味方？　私をどう思ってるの？」なんていちいち確認できませんよね？　だから、見ているだけの人のことも、「敵かもしれない」と警戒しながら過ごしているんです。自分のまわりすべてが敵かも、なんて相当キツイと思いませんか？　いじめている人間は、その幼さが変わらない限りどうにもできませんが、「見ているだけ」という人なら、今すぐにできることが、1つだけあります。

　SNSでいいから、匿名でいいから、「俺はお前のこと、嫌いじゃない」「私は敵じゃないよ」とこっそり伝えてください。それだけで、いじめられている人の気持ちがどれだけ救われるか。その一言が、「全員が敵」という状況を変えてくれるんです。

　自分がターゲットとなるかも、と恐れるのは当然です。大人でも怖いです。ですが匿名で「私は味方、敵じゃない」と伝えることはそんなに難しくない。SNSは、そんな使い方もできるんです。

　そういう人が1人でもいればいい。2人、3人いればもっといい。10人、20人、100人になったら……。どうかあなたも、そのうちの1人になってください。

LINEで陰口を言われています

自分が入っていない LINE のチャットで
陰口を書かれました。ショックです。
もう誰も信じられません。

▪ 重要なのはあなたがどう反応するか。まわりは見ている。陰口を踏み台にして、評価をUP

 陰口を書いたその人は、あなたにとって大切な人間ですか？　そうでなければ気にしない

　陰口なんて書かれたら誰だって傷つきますよね。大人も一緒です。でも、ちょっと考えてみてください。そもそも自分の陰口を書くような人って、あなたにとって大切な人でしょうか？　その人は、あなたのいない場所で一方的に陰口を書くような人です。そんな人、あなたの人生で重要ですか？　そんな人のために落ち込むのって無駄だと思いませんか？　「相手の本性がわかってよかった」と前向きにとらえましょう。誰と付き合うかは、あなたが決めることです。（もちろんそれが、陰口ではない、まともな「意見・指摘」なら、しっかり受け止め、反省したり改善したりしましょう）

　「もう誰も信じられません」なんてもったいないです。重要なのは、相手から陰口を書かれたときに、あなたがどう反応するか。まわりの人たちはそれを見ています。相手にせず、クールにふるまう姿を見せれば、それを見た誰もが「大人だなあ」と思うでしょう。あなたにとって重要なのはそっちです。

　すばらしいことは、あなたは陰口を書かれた側であって、書いた側ではなかった、ということ。それが一番すばらしいことです。間違ってもあなたは、あっち側の幼い人間になってはいけません。陰口を言われることがどんなに辛いことか、あなたは十分にわかっているのだから、なおさらです。幼い人たちのことはさっさと忘れて、次の一歩を踏み出しましょう。

ネットのやりとりで
友情にヒビが！

LINE で軽い冗談のつもりで「アホ」と書いたら
友達にマジギレされました。

オギソの **オキテ**

・伝え上手は「伝わっていないかも」と思いな
がら伝えている

対面でも伝わらない場合がある。文字だけの会話ならもっと伝わらない

　ネットに限らず、対面だって誤解や行き違いはよくあるもの。大人の世界でも珍<ruby>しく<rt>めずら</rt></ruby>ありません。だから何かを伝えるときは「伝わっていないかも」を常に意識して、丁<ruby>寧<rt>てい ねい</rt></ruby>に発信してください。目の前にいる人にさえうまく伝わらないことがあるんですから、文字だけのコミュニケーションなら、伝わらなくて当然です。「SNSで告白〜（P.80）」では「伝えられる感情に限界がある」とお伝えしましたが、「アホ」とか「死ねよ」とか、軽い冗談で伝えたつもりでも、冗談という情報（声のトーンや表情など）がないまま、文字だけで送り付けられれば、かなりぐさっとくるものです。あなただってそんな経験をしたことはあるはず。投稿する前に読み返し、「相手が誤解する可能性はあるかな」「相手を傷つけないだろうか」とチェックするクセをつけましょう。

　伝え上手と言われるような人は、常に「伝わっていないかも」と意識しながら伝えている人。大事なポイントがあれば、表現を変えながら何度も繰り返し、誤解されにくい言葉を選びながら伝えています。その努力の結果、ますます伝え上手になるのです。

　ちなみにLINEやメールにも、「伝える」得意分野があります。「今から、重要な情報を20個お伝えします」とか、「わかりにくい場所なので地図を送ります」とか。直接説明するよりも、LINEやメールのほうが確実に伝えることができますよね。道具の特徴を活かして使い分けましょう。

肖像権の侵害だと言われました

友達が写り込んだ画像を SNS に投稿したら、
肖像権の侵害だ、と怒られました。
有名人でもないのに、肖像権ってあるんですか？

観客には
肖像権なし

セーフぅ
な場合も〜

オギソの オキテ

▪ 肖像権は誰でも主張できるが、例外もあり
▪ 友達の写真を投稿するなら、ひと声かけて

 有名人でも一般人でも肖像権はあります。ただし、どんなときも、ではありません

　肖像権とは、「本人の許可なく、顔や姿を撮影、公表されない権利」のこと。有名人だろうが友達だろうが、誰でも持っていますが、面白いことに、実は肖像権を定めた法律ってないんですよね。裁判などを通して、肖像権と呼ばれるようになりました。法律にはないけれども、そういう権利は誰でも持っているから、肖像権と呼ぼう、という世の中の考えですね。根拠となる法律がないので、肖像権をめぐる裁判では「幸福追求権」などの法律を使って争います。

　ちなみに「相撲中継のお客さんたち」や、ニュースで流れる「朝の通勤風景」みたいな映像は顔が丸見えですが、大丈夫なんでしょうか？

　実は肖像権には例外があって、道路などの公共の場所、観光地、イベント会場など、「撮影されるかもしれない」と予想できる場所では、肖像権は認められないケースがほとんどなのです。よくバラエティ番組で通行人の顔にモザイクをかけているのは、放送したときにクレームを言われると面倒だからやっているだけ。法的にはやらなくてもいいんです。

　他にも、顔が特定できなければOKとか、本人が許可していればOKとか、例外はたくさんあるんですが、法律よりも何よりも、重要なのは、あなたの気遣い、友達への配慮です。投稿前に一言「載せていい？」と聞く。それだけで「気遣いのできる人だ」という評価を得られ、トラブルもなくなります。聞かない理由がないでしょ？

Q35

著作権って
なんですか?

マンガの海賊版サイトは
著作権の侵害という話を聞きました
著作権って何ですか?

その前に名誉毀損だよ！

先生！
それは俺が描いたから
俺に著作権があるぜ！

オギノのオキテ

- みなさんのツイッター、著作権侵害がメチャクチャ多いですよ
- プロだけじゃない、友達が作ったモノにも著作権があります

 他人が作ったものを、勝手に利用すると、たいていアウト

　著作権とは、イラスト、文章、写真、曲、そのほか何でも「誰かが作ったもの」はその人のモノであり、他人が勝手に利用してはいけない、という権利のこと。

　残念ですが、みなさんのツイッターアイコンを見ていると、かなりの割合で著作権侵害をしていますね。憧れ（あこが）のタレント写真、アニメキャラ、ネットから拾ってきた画像……みんな誰かの著作物、アウトです。映画のスクショを投稿している人もいますけど、それもアウト。マンガの海賊版サイトから、違法なファイルだと知りながらダウンロードするのもアウトです。

　忘れてはいけないのが、著作権はプロだろうがアマチュアだろうが関係なく発生する権利だということ。友達が書いたイラストにも著作権があります。アマチュアが描いたマンガだろうが小説だろうが、その著作権は法律でしっかり守られているのです。

　「歌ってみた」動画の投稿も気をつけてください。投稿サイトごとに「この曲はOK」「この曲はダメ」という決まりがあって、ダメな曲を「歌ってみた」すると、著作権侵害になります。注意しましょう。

　著作権侵害に対する賠償金（ばいしょうきん）は、金額が大きくなりやすいのも特徴です。例えば、発売当日のマンガをスマホで撮影して、ネットに載せると、人生が吹き飛ぶくらいの賠償金が請求される可能性がありますので、絶対にやらないでくださいね。責任持ちませんよ。

彼氏に送った裸の画像が拡散してしまった

彼氏から「裸の画像が見たい」と頼まれ
画像を送ったところ、LINE の
グループチャットで拡散してしまった

オギノの オキテ

▪「画像を送れ」はバカ男子、絶対にやらかすの
で送らない。あなたを大切にしていない、リ
スクを理解できない男です

A 自分の画像だとは絶対に認めない、それでOKです。信用してくれる人だけが、あなたの人生で「大切な人」

　付き合っている男子から、「裸の写真を送ってほしい」と頼まれ、嫌われたくないので撮影して送信したら、バカ男子だったのでLINEのグループチャットに投稿してしまい拡散、別の学校の生徒にまで知れ渡ってしまった。

　私は全国1500校以上の学校を訪問していますが、実はこの事例、全都道府県で起きています。裁判となり、損害賠償を巡り争われているケースもあります。バカ男子のバカ男子っぷりに目眩がします。

　「送ってほしい」と言われたらNO一択です。嫌われてもNO。双方のスマホに画像が残るんですよ？　スマホをなくしたり、画像を誤爆したり……そんなリスクも理解できないバカ男子とは今すぐ別れてください。そもそもあなたを大切に思っているなら、リスクに巻き込むような頼みごとはしません。

　ある女子生徒は「断ったら『じゃあ直接見せて』と言われた」そうですが、「画像を送れ」と平気で言えちゃうバカ男子が、その場でこっそり撮影しないはずがありません。つまり画像を送るのと一緒。拡散させるか誤爆させるに決まっています。だから「直接」もNOです。

　画像が拡散してしまった場合は「私じゃない」の一点張りで。それしかありません。認める必要ありません。顔が写り込んでいても「合成の捏造」と言い張る。そして、それを信用してくれる、事実を知っていても「うん」と言ってくれる人が、あなたの人生で大切な人です。

スマホで
成績が下がる？

親から「スマホばかり見ていると
成績が下るよ」と言われました。
どう思いますか？

オギソの オキテ

- 成績低下は勉強時間が減ったから
- 問題は「原因」と「弊害」で解決する

 # 成績が下がったのは、スマホのせいではありません。あなたのせいです

スマホのせいで頭が悪くなるのなら、スマホが中高生に普及し始めた2015年頃から、日本の中高生全体で、徐々に学力が下がり始めているはず。でもそんなデータは存在しません。もし「スマホを使い始めてから成績が下がった」人がいたら、それはその人の勉強時間が減っただけです。保護者の方は「いやいや、スマホのせいで学習時間が減ったなら、スマホのせいでしょう」と言われるかもしれませんが、スマホがなければ、また別の理由（ゲーム機やその他の娯楽）で勉強時間が減るだけ。私はそういう事例をたくさん見てきました。

何か問題が起きたときは、その原因と弊害を見極めることが重要です。この場合、「原因」は勉強時間が減ったこと、「弊害」は成績が下がったことです。スマホは「理由」でしかありません。大切なのは原因です。

もしご家族から「スマホばかり見ていると〜」なんて言われたら、ぜひこの話を力説してください。「重要なのはね、理由じゃなくて原因だよ」。すると即座に「そうだね、じゃあ勉強時間を減らさないためにはどうしたらいい？」と食い気味に質問されるはず。

その質問の答えが「ただがんばる」だけではダメでしょうね。「１日２時間勉強する、しなかったらスマホを解約」とか、ちゃんと具体的な数字を示して、親が安心できる約束もできれば、もう二度と「スマホばかり見てると〜」なんて言われなくなると思います。

私はゲーム依存症？

親にスマホを取り上げられ、すごくイライラしています。
私はゲーム依存でしょうか？

Gaming Disorder

言葉の意味を
調べることから
始めよう！

オギゾの **オキテ**

- 自分が「ゲーム障害」かは基準を見て判断して
- ゲーム以外の医学的、家庭的要因が原因で
あることも多いです

 「ゲーム依存」は間違い。正しくは「ゲーム障害」。判断基準があり、ほとんどの人は該当しません

　日本のある有名なお医者さんのがんばりで、国連機関が「ゲームに夢中になるのは病気」と認めました。ですがその先生って「日本には○○依存症が○○万人もいる！」という調査結果を発表しては、後から少ない数字に修正することで有名な人、でもあります。以前「ネット依存」の人数を調査・発表した際も、相当ツッコミを浴びていました。

　国連機関が認めたのは「ゲーム利用をコントロールできない」「何よりゲーム優先」「問題が起きてもやめない」が12カ月以上続き、「生活に重大な支障が出ている人」は、gaming disorderかもね、という内容。普通に訳せば「ゲーム障害」ですが、その先生、わざわざ「ゲーム依存」と呼ぶんです。ゲーム障害よりゲーム依存のほうが「ウチもそうかな」って思う保護者が増えるから……だと私は思っています。

　私はIT・ゲーム業界の人間ですが、もし本当にIT・ゲームが有害なら全力で滅ぼしますよ、本当に有害なら。ゲームのやりすぎで問題が起きたら対処すべきだし、ゲーム障害なら治療も必要です。ですが、そのゲーム障害に該当する人って、実際はごく一部の人だけなんです。

　お医者さんが、自分の専門分野を重視したいのはわかるけど、それで大騒ぎした結果、税金の使い道が変わったり、国の医療が妙な方向に進めば、最後にとばっちりを受けるのは未来の大人、つまりみなさんです。自分の身を守るためにも、情報を鵜呑みにせず、ちゃんと確認しましょう。あとゲームのやりすぎは時間の無駄です、ご注意を。

Q39

夜9時以降
スマホ禁止！？

スマホを使い始めてから、夜更しが多くなり、
ついに夜9時以降は禁止に……。
困っています

オギノの オキテ

- そのルールに、問題を解決する機能はある？
- 「ズレたルール」問題は、大人の世界でもよく
  起きています

 # 夜9時以降も利用したいのであれば、交渉の余地はあります

　スマホを使い始めてから、生活リズムが乱れ、夜遅くに宿題、布団でこっそりスマホ、挙句（あげく）の果てに寝坊、朝食もとらずに学校にダッシュ……「もう夜9時以降はスマホ禁止よ！」なんて言われてしまった方って日本中にたくさんいるんでしょうか。

　全国的にもメジャーなこの「夜9時以降スマホ禁止」ですが、どこのご家庭でも、8時59分まで大急ぎでLINE返信、9時になったら「あ〜間に合った！　疲れた」とテレビを見始め……。本当はこのルールで解決したかった「勉強時間の不足」「睡眠不足」みたいな問題があったはずなのに、なかなか解決しないようです。なぜなら、起きている「問題」とそれを解決するための「対策」が噛（か）み合っていないから。

　起きている問題が勉強時間不足なら、「1日必ず〇時間勉強する」、睡眠不足なら、「1日必ず〇時間寝る」というルールが必要ですよね。でも「夜9時以降スマホ禁止」は、それらとまったく関係しないルールです。だからうまくいかないんです。

　ぜひ、ご家族の方にこの話を力説してください。「重要なのは、『夜9時以降スマホ禁止』じゃなくてさ！」。すると即座に「そうだね、じゃあ勉強時間や睡眠時間を確保するには、どうしたらいい？」と食い気味に質問されるはず……。さあ、この続きは「スマホで成績が下がる？（P.95）」の最後の4行を見てください。あ、約束を守れなかったときのペナルティも忘れずに！

Q40

AIが仕事を奪(うば)う？

私たちが大人になる頃には、
世の中の仕事の4割が、AIによって消滅(しょうめつ)すると聞きました。
本当ですか？

・手動の駅改札　・エレベーターガール

・情報リテラシー講師

人類と仕事の歴史

オギノの オキテ

▪ 仕事は生まれ消えていく。今も昔も変わりま
せん。私が今やっているのは、20年前には
なかった仕事です

 # 何割が消滅するのかわかりませんが「消える仕事」は間違いなくあります

AI＝人工知能。今は人間がやっている仕事も、やがてAIによる自動化が進み、みんな失業しちゃう。そんな話をよく聞きます。保護者の方から「AIに奪われない仕事を調べて、今からそっちを目指すべきか」なんて我が子の将来について聞かれることもあります。その度に思うんです。大人のみなさん、昔を忘れてしまったの!?

私が子どもの頃、駅の改札には人がいて、切符を確認していました。エレベーターには「エレベーターガール」がいたし、旅客機は2人じゃなくて3人（パイロットではない航空機関士という仕事があった）で操縦していました。いずれも自動化などでなくなってしまった仕事です。

ではみんな失業してしまったのかと言えば、そんなことは起きていません。なぜなら新しい職業もたくさん生まれたから。20年前には影も形もなかった職業が、今は当たり前のように存在しています。私がやっている「情報リテラシー講師」なんてまさにそう。仕事なんて、昔から「消える」「生まれる」を繰り返してきたんですよ。

AIが発展し社会が変われば、今は想像もできないような新しい職業が生まれるはずです。だから自然に生きて大人になって、そのとき、その時代にある仕事の中から、やりたいもの選べばいいのでは？　目指す職業があるなら、今はそれを目指せばいい。未来のことなんて誰もわかりません。それよりも、どんな時代も、柔軟に賢く生き抜ける力をつける、そっちのほうが大事ですよ。

ネットは人を幸せにするか？

「ネットが普及して便利になったけど、
失った幸せも多い」という人がいます。
ネットは人を幸せにしますか？

幸せはネットとは関係ない

オギノの オキテ

- 幸せは、人やモノから与えられるのではない
- 幸せの定義は自分で決める

 # 人間の幸福とネットって、何か関係あるんでしたっけ？

　これは大人が悪い。「ネットの出現で、知識を得る喜びがなくなった」とか「人脈は苦労して作るものだ」とか。いずれも「それ、あなたの個人的な感想ですね」という程度の話。人間って、過去に自分が経験した苦労を、自分より若い世代がやらないと不満に感じる生き物みたいです。「老害」なんて言葉もあり、私も気をつけています。

　ネットはただの道具。使っているのは人間です。その道具で幸せになるか、不幸になるかは、その人の使い方次第でしょう。すべての人が同じ使い方をする道具なんてないし、「ネットの出現で、人間の幸せが〜」なんて言っている人を見ると、「たかが道具のせいで、人の幸せって増えたり減ったりするんですか？　その幸せ、ずいぶん安っぽいですね」なんて意地の悪いことを思っちゃうんですよね。

　そもそも幸せの定義なんて、人それぞれです。何を幸せだと思うのかは、自分で決めること。例えば私の「幸せの定義」は、朝、目覚めたときに『今日一日が楽しみだな』と感じ、夜、寝るときに『今日は楽しかったな』と感じること、これが私の幸せの定義です。他の人については知りません。人それぞれなので。

　自分の幸せの定義を満たすために、必要な場面があればネットを使うし、そうじゃない場面では使わない。当たり前ですよね。幸せって、人やモノから与えられるのではなく、自分から取りに行くものです。ネットは関係ありません。

コラム　メールで死にかけた話

　いや、実際に「死にかけた」わけではないんですが、あんなピンチは後にも先にも一度きり、もう 20 年近く前の話です。

　当時はスマホも SNS もなく、ネットはパソコン、連絡手段はメールという時代。ある日、職場のパソコンに届いた営業部からのメールに私は絶句します。「なんだこれは……」。このクソ忙しい時期に、まあ残念なくらいの「どうでもいい仕事」の依頼、しかもそれを私に「やってくれ」という内容だったんです。

　うんざりした私は、隣の同僚に「まぬけな仕事作りやがって、アホだね〜」というコメントを付けて転送。同僚に「ねえ、それどう思う？ アホだよね？　ね？」と話しかけたんですが、「え、転送メールなんて来てないよ」「えっ？　あれ」……そうです。「アホだね〜」というコメントを付けて、営業部に返信していたんです。それに気づいた瞬間、営業部の人が、怒りの形相で私に向かってゆっくり近づいてくる姿が見えました。ああ、ターミネーターに見つかったときって、こんな気分なんだなって思いましたね。死ぬほど頭下げて、「やらなくていい仕事」を爆速で終わらせました。みんなも誤爆には気をつけようぜ！

スマホを与えるのは
いつ？

中学校でも、スマホ持込みが一部で認められるように。
実際スマホはいつ頃与えるのがいい？

「与える」はダメ。「試してみる」が正解。あとから回収できる仕掛けが重要です

　お子さんが初めて包丁を手にするタイミングって、家庭によってバラバラですよね。2～3歳でトントンしている子もいれば、高校卒業まで「ほぼ触ったことがない」という子もいます。理由は簡単、保護者が包丁を手渡すタイミングが、各家庭でバラバラだから。道具とは、それを道具として使いこなせる「その子のタイミング」を見極めて手渡すもの。そしてその見極めができるのは、保護者だけです。

　スマホも道具。適齢期の見極めは保護者にしかできません。では、なぜ迷い、躊躇するのか。それは「一度渡したら2度と戻ってこない」と思っているから、ですよね。

　でも、包丁だったらそんなことは言っていられません。「まだ

早かった！」なら急いで取り上げるはず。スマホも一緒です。リスクを察知（さっち）したら取り上げるべき。取り上げるのが大変なら、最初から楽に取り上げる仕組みを組み込んでおきましょう。

「あなたがスマホをちゃんと使えるか、〇カ月だけ試してみたい。〇カ月後の△月△日に、とにかく絶対いったん回収するけど、それでもお試しで使ってみる？」と聞いてみてください。答えは絶対「うん！」でしょう。

ポイントは、スマホの利用に関するルールを一切作らないで渡すこと。【我が家のスマホルール】というタイトルだけが書かれた、白紙の紙をヒラヒラさせながら「今日から〇カ月間、あなたがどんな風にスマホを使うか見ています。あなたが問題を起こすたび、それに対応したルールが増えます。ちゃんと考えて使わないと、〇カ月後にルールが1000個になっているかもしれない、だけどがんばれば、ほんのちょっとのルールで済むかもね」と宣言、冷蔵庫など目立つ場所に貼っておきましょう。

この白紙ルールについては次ページ以降で詳しくご説明しますが、「もうスマホを渡しちゃってる！」という方でもご安心を。そんな場合の対処法もしっかりお伝えします。

オギゾの オキテ

- 適齢期は家庭それぞれ、保護者が決めていい
- 大切なのは、渡し方です

白紙ルールで
大丈夫？

スマホを与えるなら「事前にルールを決めて」
とよく言われますが、本当にルールを
決めずにスタートして大丈夫？

A “事前ルールで失敗”は日本中で起きています。ルールは楽に、無駄なく作りましょう

　逆に質問です。まだ始まってもいない、これから起きる問題に対応したルールって、どうやって作るんでしょう？　どんな問題が起きるかわからなければ、ルールだって作れませんよね。

　家庭のスマホルールは、どのお宅でも使える「参考モデル」的なモノが存在しません。スマホで起きる問題は、子どもによって、家庭によってマチマチだからです。それなのに、どこかで見聞きした、実態とズレたルールを「事前」に作り、早々に形骸化させてしまうご家庭を、日本中で見てきました。

　事前にルールを作らず、何か問題が起きたときだけ、それに対応したルールを作って追加する。そんなやり方なら、無駄もない、ズレもない、何よりお子さんの納得感が違います。例え

ば「スマホに夢中で宿題を後回し、何とか終わらせたら真夜中だった」なんていうときに「スマホは宿題を終わらせてから」というルールを作るのです。お子さんは文句の言いようがありません。だって自分が悪いんですから。

　そんな感じで、その都度ルールを作っていくと、そのうちルールが20個、30個になってしまうかもしれません。そうならないためにも「ルールが△個を超えたら、そこでお試し終了」と前もって約束しておくだけで、お子さんは相当がんばりますよ。

　もし△個以内に収めたまま、見事お試し終了、ゴールまでたどり着けたら……「おめでとう、じゃあもう一回、お試しを延長するね」。お子さんは「！」とがっかりですが、急ぐ必要はありません。保護者の方が安心できるまではお試しで。

　もうスマホを渡しちゃってる！というご家庭は、今あるルールを「いったん白紙にして、お試ししてみない？」と持ちかけてみてください。絶対に乗ってくれます。「ウチはルールすらない」というご家庭は、１つでも、無理やりルールを作って、できればすごく窮屈なやつを１つ作って、しばらく様子を見てから「いったん白紙にして〜」と持ちかけてみてください。

オギソの オキテ

- ルールなんて、事前に作れるはずがない
- 子どもが納得できるルール作りは簡単です

「お試し」は
いつやめる?

「お試し」と「白紙ルール」はよくわかりましたが、
お試しはいつまで続ければよいのでしょうか?

 **A** やめてもいいし、やめなくてもいい。
ただしルールは常に見直しを

　「お試し」で「ルール」を追加しつつ、お子さんがスマホを使っ
ている様子を見守りながら、親子で定期的にやっていただきた
い作業があります。作ったルールの「検証」です。

　せっかく作ったルールですが、いつか必ず、そのルールを
破ってしまう場面が起きるでしょう。そんなときは「なんで守ら
ないの!!」と注意をするのではなく、なぜルールが守られなかっ
たのか、それを親子で検証してほしいのです。

　実はルールが破られてしまう背景には、3つのパターンがあ
ります。1つ目はお子さんの我慢(がまん)が足りなかったから。これは
わかりやすい。2つ目はお子さんの環境が変わって、ルールが
追いつけなくなったケース。

　例えば「勉強中はスマホを触らない」というルール。最初は問題なかったけど、塾の友達から「この動画、計算式の説明がすごくわかりやすいんだよ」と教えてもらった勉強系のYou Tubeを見ていたら、それを見かけたお母さんが激怒、お子さんも反論して親子で大喧嘩……よく聞く話です。娯楽の道具だったYou Tubeが、お子さんの成長で、立派な勉強道具に変わることもあるんですね。この変化にルールが追いつけなかった場合は、親子で話してルールを改定しましょう。

　3つ目はそもそもルールに無理があったケース。例えば「SNSで知らない人とつながらない」、当たり前のルールに思えますが、お子さんがLINEを使い始めたら、この約束はすぐに破綻します。子どもたちのLINE世界におけるグループチャットの無秩序ぶりは……知らぬ間に、友達の友達の友達が十数人単位追加されて、知らない人どころじゃないんですね。これも親子でルール改定、のパターンでしょう。

　お試し終了タイミングは、ルール見直しが落ち着いた頃に考えればいい（ずっとお試しでもOKでは？）と思います。それまでは、親子で納得できるルール作りの時間としてください。

オギゾのオキテ

- 「お試し」はルールを完成させるための時間
- 急いで終わらせる必要はありません

Q4

もしもルールを破ったら？

もしも理由なく、我慢が足りず
ルールを破ってしまったときは
どうすればよいのでしょう？

 **ペナルティのないルールは、ただの
スローガン。ペナルティがあっても、
実行しなければやっぱりスローガン**

　ルール破りの原因が「環境が変わった」「ルールに無理があった」ではなかったら……残念ながらペナルティです。実は「我が家には、ルールを破ったときのペナルティがちゃんとあるよ」というご家庭でも、実際にそのペナルティが発動されたことはない、というお話をよく聞きます。たいてい、ペナルティが強烈過ぎるご家庭ですね。

　世界破壊爆弾みたいな「スマホ解約」とか、親もストレスを感じる「1カ月スマホ預かり」的なペナルティは、その実行を躊躇してしまいがち。軽微なルール破りでそこまで……という気持ちもあって「なあなあ」になってしまい、結局ルールが単なるスローガンに変わってしまう、というパターンです。

　仮にYouTubeは夜9時までというルールがあって、それを破るたびに、毎回スマホを取り上げるのは現実的ではありません。保護者も連絡が取れなくなって心配だし、できれば避けたいのが本音。ではどうすればいいのか？　もっと気軽でカジュアルなペナルティを用意しておけばいいですよね。

　例えば、子どもたちにとっては「水」と同じくらい貴重な資源であるスマホの「データ通信残量」。データ消費はなるべく避けたいから、自宅ではwifiに接続しているという子がほとんどです。その自宅wifiのパスワードを変えてしまうのはどうでしょう？ スマホ解約なんていうハードなペナルティではありませんが、ボディブローのようにじわじわ効いてくる嫌なペナルティです（データ残量を家族で分け合う契約だと、効果が薄く、家庭内の反発もありますが……）。

　その他にも、ファミリー共有（iPhone）やファミリーリンク（android）といった家族管理機能を使って、特定のアプリ、問題の原因となったアプリが使えないよう、親のスマホから制限をかけることもできます。これらアプリの詳しい話は「スマホはそのまま使っちゃダメ？（P.116）」で詳しく説明します。

オギゾの オキテ

- 必要なのは、実行できる「ペナルティ」
- 強中弱とか、松竹梅とか、とにかく段階分けを

フィルタリングって
必要なの？

新しいスマホを買ったときに、フィルタリングの
説明をされたんですが、複雑でよくわかりません。
フィルタリングはやらないといけないの？

 **A** **フィルタリングは法律で定められた義務。「LINEが使えない」は店側の説明不足**

　最初にお伝えしたいのは、フィルタリングを設定したからといって、事件・事故に遭わなくなるわけではない、ということ。フィルタリングで防げるのは「犯罪」「薬物」「自殺」「売春」といった、日常生活ではまず遭遇しない、ガチでアウトな世界（の一部）へのアクセス。普通はそんな世界に近づかないし、ネットの問題は、そうじゃない場所でも頻繁に起きていますよね。

　また時々「フィルタリングを入れていれば、ウイルス感染を防げるの？」という質問をいただくことがありますが、危険なコンテンツを遮断する機能と、ウイルス感染阻止はまったくの無関係。フィルタリングにウイルスを防ぐ機能はありません。

　ではなぜフィルタリングを設定しなければいけないのか。そ

れは法律で定められた、保護者・携帯会社の義務だからです。詳しくは「青少年インターネット環境整備法」で検索、確認していただきたいのですが、保護者は「18歳未満の子が使う」ことを携帯会社に伝える、携帯会社はフィルタリングの説明と有効化を行う、これが義務として定められています。法が定めた義務なので、やるかやらないか、ではないのです。

　ただしこれ、親が拒絶すれば、携帯会社は無理強いしなくてもよいことになっています（地域によっては保護者が一筆書く必要もありますが）。フィルタリングの説明って、実はものすごく時間がかかるんです。だからお店としてはやりたくない。できれば親に「フィルタリング不要です」と言わせたいので、その結果「フィルタリング入れると、LINEできなくなりますよ」という若干ウソの混じった案内がされることが、稀にあります。

　確かに、何の調整もせずフィルタリングをオンにすれば、LINEは使えなくなります。それはフィルターが「最強」に設定されているから。設定を変えれば、ちゃんと使えるし、フィルター機能を理解し調整すれば、ほかのアプリでも使い勝手に不自由を感じることもありません。だから入れましょう。

オギソの **オキテ**

- 入れるかどうか、という話ではなく入れる一択です。ただし効果は限定的

スマホはそのまま
使っちゃダメ？

フィルタリングを設定すれば、
あとは何もしなくていいのでしょうか？
親がするべきことってありますか？

 ## 無料で高機能、便利なサービスが
あります。このサービス、使わな
い理由がありません

フィルタリングは法的な義務、入れなきゃダメ。ただし効果は限定的。これって自動車の「自賠責」保険みたいですよね。自賠責って加入は義務だけど、事故が起きたときは相手への対人補償のみ。だから普通は、追加で「対物」や「自身のケガ」に対応できる「任意保険」に入ります。

「スマホの自賠責」がフィルタリングなら、任意保険みたいなものはないのか……あります。信頼できて高性能、しかも無料。そんなサービスがあるのです。ぜひ使いましょう。

「もしもルールを破ったら？（P.112）」で少しだけご紹介した、Appleのファミリー共有（iPhone・iPad用）、Googleのファミリーリンク（android用）は、お子さんのスマホを、離れた場所

から確認・コントロールできる、しかも無料という、夢みたいなサービスです。例えば「今どんなアプリを使っているのか」を確認したり、「なんでも自由にダウンロードさせない」ように制限をかけたりもできます。

「スマホを何時間使ったか」を確認したい場合や、「この時間帯はアプリを使えないようにしよう」という場合は、iPhoneなら「スクリーンタイム」という機能が、Androidなら「ファミリーリンク」に最初から、その機能が含まれています。

これらサービスの使い方は「ファミリー共有」「ファミリーリンク」という単語をネット検索すれば、いろんな人がその使い方を詳しく解説しています。最新の情報をお伝えしたいので、ここでは検索ワードだけお伝えしますが、難しいサービスではないので、すぐに使いこなせるでしょう。

どちらもネットの世界では相当有名なサービスですが、こんなに高機能で便利で無料なのに、このサービスの存在自体を知らない、という保護者の方がたくさんいます。もっと早く知りたかったと言われることも多いので、ぜひまわりの保護者の方にも教えてあげてください。

オギソの オキテ

- フィルタリングは「自賠責」程度のもの。AppleやGoogleが提供する高機能な「任意保険」を、無料で使いましょう

子どもが勝手に課金したら？

**親の知らぬ間に、子どもが勝手に
ネットやゲームに課金しないか心配です。**

 **課金できる設定にして渡せば、
課金されるのは当たり前です**

　では試しに、買ってきたばかりのスマホを「好きに課金していいよ」とお子さんに渡してみてください。大丈夫、絶対に1円も課金できません。なぜならそのスマホには、お金を支払うための設定がされていないから。課金なんかできないんです。

　「キャリア決済」と呼ばれる、毎月の電話代とアプリ・ゲーム等の利用料が、一緒に請求される仕組みがありますが、それをするには手続きが必要です。その手続きに必要なパスワードをお子さんが知っていれば、もしかしたら勝手に手続きされてしまうかもしれませんが、そもそも、そのパスワードはお子さんが知ってはいけないもの。お子さんに推測されやすいパスワードも避けてください。ちなみに最初から「キャリア決済はしない」

という契約にすることもできます。

　「気がついたら、クレジットカードで勝手に課金していた」みたいなニュースを耳にすることがありますが、そもそも18歳未満はクレジットカードを作れません。保護者がお子さんのスマホに、わざわざカード情報を入力してあげなければ、ありえない話です。もし何か必要があって入力したのなら、用事が終わり次第削除してください。当たり前ですよね。だって削除しない＝お子さんにカードを預けっぱなし、と同じですから。稀にお子さんがカードをこっそり見て、勝手に自分で入力するケースがありますが、それはスマホ以前の問題です。

　コンビニで売っているプリペイドカードでも課金はできますが、プリペイドカードはお金がないと買えません。つまり、お小遣いの使い道の話であって、スマホ特有の問題ではありませんね。

　「スマホはそのまま使っちゃダメ？（P.116）」で紹介した「ファミリー共有」や「ファミリーリンク」にも、課金を許可制にしたり、禁止したりする機能があります。すごく便利だし、「お父さんと娘さん」の会話のきっかけにもなるので、おすすめです。

オギソの オキテ

- 「課金」は勝手にできません
- 「課金」するには手続き、設定、パスワードが必要です

子どもが
高額な買い物を！

ネット通販で、子どもが勝手に
高額な買い物をしてしまったら……？
スマホを使わせるのが心配です

A 子どもの失敗を、法律が守ってくれる仕組みがあります。あまり知られていない、ちょっと面白い法律です

　民法第5条には「未成年者が法定代理人の同意を得ないでおこなった法律行為は取消すことができる」という規定があります。これは、未成年者が親の許可を取らずに、勝手にやらかした買い物・借金は、それがお小遣いの範囲を超えるものであれば、あとからでも無効にできる、というちょっと変わった法律です。

　もちろんこの法律が適用されるためには、一定の条件を満たす必要があります。まず買ったもの、借りたものは返さなければいけません。ですが例えば「半分食べちゃったダイエットフード」なら、残ったもう半分を返せばOKです。親のクレジットカードを勝手に使っていたり、相手をだましていたり、年齢を偽っていたり、お小遣いの範囲内の金額だったり、時効が過ぎ

ていたり……などなど、この法律の適用外となってしまうケースでなければ、買い物・借金は取り消すことができるのです。

　上記以外にもいくつか、適用外となる条件があるので、気になる方はぜひネットなどで調べてください。最寄りの消費生活センターの窓口でも、相談員の方が詳しく教えてくれます。

　第2章のP.40でも解説しましたが、スマホを見ていたら、いきなり「お手続きが完了しました、会費は月50,000円です！」みたいな架空請求ページが表示されると、子どもは、特に男子はあわててしまいます。まあ、そんな乱暴な契約はそもそも法的に成立しないので、無論「無視でOK」なんですが、そんな場面でも、未成年者取り消しの法律や仕組みを知っていれば、お子さんから相談されたとき、より落ち着いて話を聞くことができますよね（そもそも架空請求「詐欺」なので、未成年も大人も関係ないんですが……）。

　ちなみにこの未成年者契約取り消し、成人した本人が、自分の子ども時代にやった買い物を、自分で取り消しすることも可能です。面白い法律ですよね。

オギゾの オキテ

- 「未成年者契約取り消し」を知ってください。
- すべてが取り消せるわけではありません

ネットの詐欺・犯罪・ウイルスの見分け方

ネットの犯罪はどんどん巧妙化しているとか。
どんな手口、どんな対処法があるか
最新情報を教えてください。

 **A** ネット犯罪は、対策とのいたちごっこ。すぐに新しい手口が生み出されます

　講演の依頼で「最新のネット犯罪事情を教えて」というオーダーをいただくことがあるんですが、基本的にはお断りしています。犯罪、特にネット犯罪には「ニュースになった時点で、その情報は古い、もう使えない」という特性があるからです。

　例えば夕方のテレビ番組で「本日発生した最新のケース！」とオレオレ詐欺の手口を紹介するコーナーがありますが、あれ絶対、当のオレオレ詐欺グループも観ていますからね。ニュースで取り上げられたら、もう同じ手口は使わない。翌日からその「最新のケース」とやらは運用停止でしょう。ネット犯罪もそれと一緒です。世間がネット犯罪の手口を知り、対策を講じた瞬間、すぐにそれを超える新しい手口が編み出されます。

　ある番組で「自称」ネット専門家が、「これがネット詐欺を見破るポイント！　ここを押さえればOK」なんて断言して、大炎上したことがあります。そもそも紹介された「ポイント」も微妙に間違っていたし、本当の専門家なら「これを押さえれば」なんて口が裂けても言えないだろ、とかなり批判されました。

　もちろん、セキュリティの専門家や、私のようにネット界隈（かいわい）でメシを食べている人間は、犯罪も含めた最新情報を知るべきですが、ネットは3カ月で情報が古くなる世界、最新情報にあまり意味はありません。まあがんばって、あと1〜2年は使えるかな、という知識をお伝えしますと……

　ここ数年のネット詐欺に共通しているのは「身に覚えがない」。当選した、感染した、と身に覚えのない表示で「驚かせ」、「あわてさせ」てクレカ情報を入力させる。これら条件が揃（そろ）ったらまず詐欺です。あと1〜2年は使えるでしょう（詳しくは2章のP.44でも解説しました）。ちなみにウイルスアプリを見分ける方法は……ありません、絶対無理。だってウイルスはウイルスの顔をしていませんから。対処方法は1つだけ、ウイルス対策ソフトを入れること。これ以外はないです。

オギソの オキテ

- ニュースで見るネットの「最新犯罪事情」は、もうすでに古い情報です

与えないという選択も
アリ？

**クラスでは、ほぼ全員が持っているようですが、
ネットいじめや事件、犯罪が心配で
スマホは与えていません**

A リスクに対してどう線引きをするか。
社会生活でゼロリスクはありえない

　これは最終的に保護者が決めていいことだし、外野があれこれ言う話ではないのですが、１つだけ、ゼロリスクの思考についてお伝えしたいと思います。

　例えばお子さんが交通事故にあう……想像したくもないです。その可能性は極力排除したい、当たり前です。でも、実はその思考を突き詰めていくと「クルマや自転車には極力近づかない」、つまり「家から一歩も出ないほうがいい」という極論に至ります。これがゼロリスク思考。事故にあう可能性は極限まで下がりますが、代償として、まともな社会生活も送れなくなります。実行する人はまずいないでしょう。

　交通事故の深刻さに比べれば、スマホによるトラブルはそこ

まで深刻なものではありません。事件やトラブルが起きる確率だって交通事故より低いです。にもかかわらず、スマホのリスクを避けるために「スマホに一切触れさせない」つまり「家から一歩も出ない」、を選ぶのは、ちょっと極端すぎる気がするのです。

スマホのリスクが「よくわからないけど怖いもの」なら、ご自身のスマホトラブルにも対処できません。「子どもから相談されても答えられない」のなら、その答えはすべて本書、特に2章に書かれています（寂しいことに、そのうち相談すらしてくれなくなりますが）。

第2章の、子どもたちに向けて書いた内容の多くは、全国の保護者の方から「自分ごと」として質問いただいた内容でもあります。ネット・スマホに限っては、大人も子どもも1年生。私たち大人にさほど優位性はありません。これがネット・スマホの現状です。

必須の道具ではない、必需品ではないという考え方もあると思いますが、「18歳になって初めて家から出ました」みたいな状況でスマホを使い始めるのも、相当怖い気がします。

オギソの オキテ

- 無意識のうちに極端な対処法に走っていませんか？　スマホのリスクには、必ず答えと解決法があります

おわりに

　お疲れさまでした。このページを読んでくれているということは、1冊まるごと、最後まで目を通してくださったということでしょう。ありがとうございます。

　本書は、第1章、第2章を「10代の若い方」に向けて、第3章を「その保護者の方」に向けて書きました。「はじめに」は保護者の方が読むイメージで書いたので、「おわりに」は若い方に向けて書こうと思います。

　「若いとか保護者とか、なんでそんな細かいことを言うんだ」と思われるかもしれませんが、本を書くときっていろいろ面倒で、「この本を読むのはこんな人だ」とか「こんな年代の人に買ってほしい」とか、前もって想定しないといけないんですね。私は「みんな読んでくれればいいんじゃないですか?」とか「1億冊くらい売りましょう」なんて言うんですが、そういうのは無視されるので、ちゃんとターゲットを決めて、それに合わせて書かなければならないのです。

　ですが……本当のことを言ってしまうと、本書に限っては、この「ターゲットを決めて」にあまり意味はありません。なぜなら、第1章、第2章で取り上げたテーマは、ほぼすべての保護者、大人にとっても「気になる」し「わからない」し、「心配」なテーマだからです。

　ためしに、まわりの大人に第2章の内容を質問してみてください。おそらく、ほぼすべての保護者、大人が「わからない」「知らない」「答

えを教えて」と興味を示すはずです。

　これ、当たり前なんですね。インターネットが世の中に広まって、まだせいぜい 20 年ちょっと。本当はもっと昔からありましたが、専門家でもない、マニアでもない普通の人が、誰でも自由にインターネットを使えるようになったのは、たかだかここ 20 年くらいなんです。

　だから、どんなベテランネットユーザーでも、ネット歴はたいてい 20 年ちょっと。ハタチそこそこです。ネット社会って、社会全体が若者だけで構成されている町みたいなもんなんですよ。そんな若者たちが、よくわからないまま毎日を過ごしている町、それがネットです。問題がたくさん起きるのも当たり前ですよね。だから、大人と子どもが一緒に悩んで、一緒に解決しないと、前に進めるはずがないのです。

　ネットはただの道具、良いネットも悪いネットもありません。それを決めるのは使い手である人間です。日頃からちゃんとネットに向き合っていれば、いざというとき、ネットはその人を助けてくれる。みなさんの力で、保護者や大人の方にも、そんなネットとの向き合い方を身につけてもらいましょう。これは、みなさんにしかできないことです。

　　2020 年 11 月　　　　　　　　　　　　　　　小木曽 健

【監修者】小木曽 健（おぎそ けん）

情報リテラシー専門家／1973年埼玉県生まれ。IT企業でCSR部門の責任者を務める傍ら、書籍や講演、メディア出演などを通じて「ネットで絶対に失敗しない方法」やネットリテラシーに関する情報発信を幅広くおこなっている。著書に『ネットで勝つ情報リテラシー』（筑摩書房）、『11歳からの正しく怖がるインターネット』（晶文社）など。

■ 編集・制作：有限会社イー・プランニング
■ 編集協力：石井栄子
■ イラスト：YAGI
■ DTP/本文デザイン：大野佳恵

13歳からの「ネットのルール」
誰も傷つけないためのスマホリテラシーを身につける本

2020年11月15日　第1版・第1刷発行
2024年 3 月15日　第1版・第5刷発行

監 修 者　　小木曽 健（おぎそ けん）
発 行 者　　株式会社メイツユニバーサルコンテンツ
　　　　　　代表者　大羽 孝志
　　　　　　〒102-0093　東京都千代田区平河町一丁目1-8
印　　　刷　　株式会社厚徳社

ご意見・ご感想はホームページから承っております。
ウェブサイト　https://www.mates-publishing.co.jp/

企画担当：清岡香奈